sobinfluenciaedições

COORDENAÇÃO EDITORIAL
Fabiana Vieira Gibim, Rodrigo Corrêa e Alex Peguinelli

PREPARAÇÃO
Fabiana Vieira Gibim

REVISÃO
Alex Peguinelli e Fabiana Vieira Gibim

TRADUÇÃO
Natan Schäfer

PROJETO GRÁFICO
Rodrigo Corrêa

Collage da capa por Stephen Payne

Agradecemos ao Alex Januário pela concessão das imagens presentes nesta edição.

Dados Internacionais de Catalogação na Publicação (CIP) de acordo com ISBD

G517p Girard, Guy
Por uma insubordinação poética / Guy Girard ; traduzido por Natan Schäfer. - São Paulo : sobinfluencia edições, 2022.
240 p. : 13,5cmx 21cm.

Inclui bibliografia.
ISBN: 978-65-84744-12-7

1. Política. 2. Revolução. 3. Filosofia. 4. Arte. 5. Poesia. I. Schäfer, Natan. II. Título.

2022-2983 CDD 320
CDU 32

Elaborado por Vagner Rodolfo da Silva - CRB-8/9410
Índice para catálogo sistemático:
1. Política 320
2. Política 32

---

sobinfluencia.com

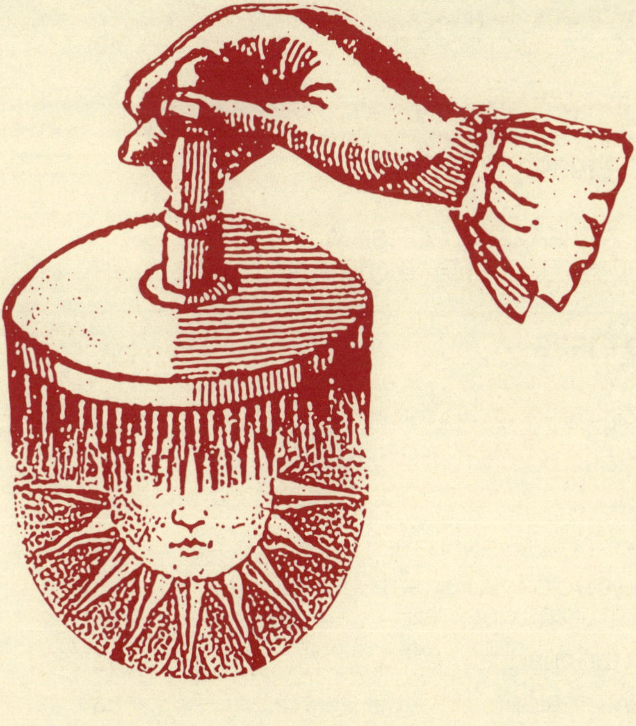

BILHETE DO TRADUTOR

Depois de quase dois anos trabalhando neste livro, hoje sinto que sua publicação poderia ser encarada como sumamente *desnecessária*, senão como um *erro*.

Elaborados no calor da hora e sob linhas de latitudes distantes, assim coligidos estes panfletos poderiam apresentar um interesse meramente histórico, de modo a depor sobre o que se constitui como o grupo de Paris do movimento surrealista após 1969; ou então serviriam de salvo conduto para, através de suas filiações, atestar a permanência e a continuidade inconsútil do mesmo.

Para além disso, hoje se lê por todo lado palavras de ordem e clichês pretensamente revolucionários que, ao que me parece, não têm conduzido a *lugar* algum, ainda que por vezes abram um certo *espaço*, e que pouco tem a ver com o *movimento* que anima este livro e que permitiu seu surgimento.

Assim sendo, pessoalmente entendo que a principal finalidade que este volume cuidadosamente elaborado pode agora atender é a de conduzir alhures e além — isto é, a um lugar *outro* — da expectativa daqueles que vieram procurar aqui apenas um espelho para a confirmação de suas opiniões, o qual por certo em alguns casos certamente poderá ser encontrado entre estas páginas. E que fique claro que não contesto a *necessidade* de reconhecimento e identidade, e muito menos dos dispositivos e mecanismos que permitem a formação de uma *liga*. Mas, sim, contesto a *limitação* ao reconhecimento instrumentalizado e ao paradigma identitário que, ao que tudo indica, incrementa os processos de massificação e conduz à monotonia.

Portanto, em frente e para cima, rumo à liberdade, ao amor e à poesia.

Natan Schäfer
Curitiba, fevereiro de 2022

UMA IDEIA RADICAL DE LIBERDADE

PREFÁCIO À *POR UMA INSUBORDINAÇÃO POÉTICA*

O surrealismo não é e nem nunca foi uma escola literária e artística. A história é outra! Qual é então sua definição? Felizmente não existe. Mas podemos encontrar algumas aproximações iluminadoras.

No seu belo ensaio de 1929 sobre o surrealismo, Walter Benjamin escrevia: "Desde Bakunin falta à Europa uma ideia radical de liberdade. Os surrealistas a têm". É difícil imaginar melhor resumo do espírito surrealista. Breton já havia colocado o tema em letras de fogo no *Manifesto Surrealista:* "Somente a palavra liberdade é tudo o que ainda me exalta. (...) Sem dúvida ela responde a minha única aspiração legítima"[1].

Outro comentário pertinente, que data da mesma época, é o de José Carlos Mariátegui, num artigo intitulado "El grupo surrealista y 'Clarté'" (1926): este movimento "não é um simples fenômeno literário, mas um complexo fenômeno espiritual. Não é uma moda artística, mas um protesto do espírito"[2].

Aqui temos algumas das características quintessenciais do movimento surrealista: um espírito libertário e um protesto radical. Contra quem? Sem dúvidas contra a civilização capitalista ocidental, contra o colonialismo, contra a estreita racionalidade burguesa e contra a alienação religiosa. Assim como, inseparavelmente, a busca permanente do "ouro do tempo": o maravilhoso, a arte mágica, a poesia universal, o

[1] Todas as traduções de citações são nossas, exceto quando indicada outra autoria.
[2] Tradução de Michael Löwy.

amor sublime. Em poucas palavras, o surrealismo é um espírito de *insubordinação poética.*

Em 1969, alguns dos mais conhecidos membros do grupo surrealista de Paris, a começar por Jean Schuster e José Pierre, proclamam publicamente o "fim do surrealismo". A partir deste momento, nos escritos da Academia, dos jornalistas e de outros "especialistas", a ideia de que o surrealismo havia terminado assumiu a consistência pesada e granítica do dogma. Mas a verdade é bem diferente: pouco depois deste ato gratuito, Vincent Bounoure publicou *Nada ou o quê?* [*Rien ou quoi?*] (1970)[3], um apelo a continuar a aventura surrealista, recebendo o apoio de Joyce Mansour, Marianne van Hirtum, Micheline Bounoure, Michel Zimbacca e vários outros[4], além do grupo surrealista de Praga.

Uma das particularidades do surrealismo desde sua origem em 1924 é a *atividade coletiva*, que pode tomar a forma de experiências, jogos e declarações coletivas. Os panfletos (*tracts)* surrealistas de 1922 a 1969 foram reunidos por José Pierre em dois tomos publicados por Eric Losfeld em 1980. Estes volumes reúnem documentos que testemunham a vitalidade, a virulência e a altura poética do movimento em todas as suas tomadas de posição. O presente volume seria portanto o terceiro desta série, que demonstra de forma categórica a falsidade do pretenso "enterro" de 1969: o suposto "morto" segue de pé e distribui alegremente ponta-pés a seus adversários. O documento que serve de introdução a este li-

[3] N. do t.: Enquete conduzida por Vincent Bounoure em meios às polêmicas envolvendo a autodissolução do grupo surrealista de Paris em 1969. Como resultado, obteve-se respostas de 45 pessoas, as quais circularam internamente, seguidas de um feedback elaborado por Bounoure.

[4] Cf. Glossário onomástico.

vro apresenta um breve resumo das atividades do Grupo de Paris do Movimento Surrealista de 1970 a 2022.

Por uma Insubordinação Poética foi organizado por Guy Girard, poeta e pintor surrealista, principal animador do Grupo desde 2010; ele também é o autor dos breves comentários a cada uma das declarações, panfleto ou cartazes; aliás, os cartazes, colados em muros de Paris, são uma inovação deste último período... Os documentos são muito diferentes entre si, e abordam temas dos mais diversos, desde uma carta de solidariedade dirigida à American Indian Association em 1973 até um panfleto sobre as lutas sociais de 2006, distribuído nas ruas durante as manifestações daquele ano, passando por uma polêmica contra o filósofo Jürgen Habermas (que não conseguiu entender o que é o surrealismo) e uma denuncia (também publicada em latim impecável) contra a visita do Papa João Paulo II à França. Apesar desta diversidade, todos os materiais aqui incluídos compartem do desprezo (para não dizer ódio) pela abjeção capitalista, e pela tirania dos múltiplos *Ubus*[5], sagrados ou profanos, de nossa época. Eles são, ao mesmo tempo, documentos poéticos de uma busca mágica permanente, de uma viagem arriscada em direção ao continente "Utopia", do sonho de uma outra civilização, que teria por princípio regulador a atração apaixonada de Charles Fourier.

A publicação deste livro no Brasil é muito oportuna. Desde a Exposição Surrealista de São Paulo em 1967, organizada por Sergio Lima, as experiências surrealistas brasileiras sempre tiveram uma relação direta — de *correspondência* no sentido baudelairiano da palavra — com o movimento surrea-

[5] N. do t.: Personagem criado por Alfred Jarry, Ubu, ou Pai Ubu, é o protagonista da peça *Ubu rei ou os poloneses* [*Ubu roi ou le polonais*], caracterizando-se por um comportamento irascível, grotesco e estúpido.

lista de Paris. Se trata de uma conexão renovada, sob outras formas, pela nova geração surrealista dos últimos anos (Alex Januário, Natan Schäfer, e muitos outros).

Como o revela esta coleção de *tracts,* o surrealismo não é um corpo de doutrinas, uma biblioteca de Sagradas Escrituras, ou um conjunto de obras de arte instaladas nos museus: se trata de um *movimento*, um rio que corre e que nunca é o mesmo (para citar o célebre fragmento de Heráclito de Éfeso), uma aventura permanente. A data de nascimento é 1924 mas não haverá "fim da história" enquanto existir, em algum lugar do mundo, o espírito surrealista de insubordinação poética.

Michael Löwy,
surrealista franco-brasileiro

CLAVÍCULAS DA REVOLUÇÃO

Guy Girard

À memória de Michel Zimbacca (1924-2021)
que participou da aventura surrealista
de 1949 até sua morte.

Fundado por André Breton e seus amigos (Louis Aragon, Robert Desnos, Paul Éluard, Benjamin Péret, etc.) na cidade de Paris em 1924, sobre as ruínas do movimento Dadá parisiense, desde sua origem e até hoje o Surrealismo é algo inteiramente diferente do que seria um movimento de vanguarda literário ou artístico. Pois seu propósito não é contar com a intervenção na esfera estética, tampouco marcar o campo cultural com suas pegadas, assim como fizeram todos os "ismos" da modernidade a partir do impressionismo em diante. Seguindo Rimbaud e seu indiscutível fervor, por certo os surrealistas podem querer-se *absolutamente modernos.* Porém, isso não deve ser compreendido como uma adesão à qualquer reviravolta de época, tampouco como uma devoção à esta ou aquela moda intelectual, cuja fugacidade se inscreve nos modos de consumo cada vez mais acelerados, enaltecidos pelo que no capitalismo ocupa o lugar do pensamento (ou seria o do ideal?). Ser moderno a partir de Rimbaud, sem por fim desesperar-se — ao contrário disso —, é contar com que o pensamento poético erga uma barragem diante da desrazão capitalista, e que este pensamento torne sensível, e portanto reconhecer, as potencialidades utópicas do instante, e deste cotidiano cuja banalidade consentida pode repentinamente inverter-se em conquista do *maravilhoso*. Assim sendo, ser moderno é reconhecer que o tempo não possui somente um ponto de fuga nos conduzindo em direção à uma morte absurda (e ainda mais absurda especialmente porque ela nos submeteria a seja lá que pretensa justiça divina) mas, sim, que ele é como um cristal que possui uma riqueza constituída de várias facetas e várias cintilações, cujos reflexos na experiência deslumbrada dão acesso à intuição de que a eternidade está contida no instante, a partir do momento em que este é vivido plena e apaixonadamente. Iluminação[6], raio do amor à primeira vista sob o poder do qual se realiza a experiência de um sagrado que não deve nada às mentiras religiosas, que não deve nada à ideia imbecil de uma transcendência divina qualquer, mas que justamente ao contrário é a finalidade da linguagem transmutada pela poesia: não há nada de indizível para o poeta surrealista, pois para ele tudo está por ser dito, tudo está por ser experimentado através dos feitiços e magias primeiras da linguagem, de modo a reencantar um mundo profanado. Eis aí onde começa o mito do qual o surrealismo busca obstinadamente as formas e os signos (se podemos falar em arte surrealista, é somente tendo em vista uma tal empreitada!), mito deste espírito moderno que encontra o maravilhoso no exato momento em que o tempo quantitativo da modernidade é repentinamente abolido no tempo qualitativo cons-

[6] N. do t.: *Iluminações* é o título de um livro de Arthur Rimbaud, publicado em 1886. No Brasil se encontram disponíveis traduções de Ivo Barroso, Mário Cesariny, Lêdo Ivo, Janer Cristaldo e Júlio Castañon Guimarães. Vai sem dizer que, a nosso ver, a tradução mais favorável ao maravilhamento poético, apesar das variações entre o português lusitano e o brasileiro, é a de Cesariny, publicada no Brasil pela editora Chão de Feira em 2021.

tituído pela abertura do real através do Tempo do Sonho, a *Alcheringa* dos aborígenes australianos, que é também o do Tempo do Mago Merlin, e em direção ao qual relógios e clepsidras informáticos não passam de máquinas desequilibradas e insanamente inúteis...

Bem melhor do que nas marés da memória ou nas certezas da história, entre a vertigem do instante e do eterno, se abre o acesso à trama quase infinita sobre a qual vêm e vão os mitos e lendas, desde a antiga Idade do Ouro até esta outra Idade do Ouro, que queremos sempre desejar juntos, seguindo os melhores poetas românticos, os primeiros socialistas, os comunistas libertários e os anarquistas dotados da mais livre imaginação. Os primeiros surrealistas reencontraram, como que espontaneamente, o uso e a troca desses mitos crepitando no tecido do tempo, destes testemunhos das melhores tradições do espírito humano, que o incitam a ultrapassar a si próprio na conquista de suas possibilidades e do qual não resta nada além da nostalgia de seus poderes perdidos (ah, o domínio imenso da interpenetração do sonho e da realidade!). Isso se deu quando, pela descoberta e prática da escrita automática e dos sonos hipnóticos, eles deram à luz a uma linguagem por meio da qual, segundo Breton, "as palavras fazem amor". Pareceu-lhe que, a partir desta experiência segundo a qual a linguagem é, antes de qualquer necessidade prática de comunicação, o *livre jogo* do pensamento consigo mesmo e com a consciência que ele se faz do mundo, a partir deste momento verdadeiramente encantador — e sempre renovável! — o espírito humano teria necessariamente a obrigação de participar na invenção coletiva de uma vida outra, enfim apaixonante, numa sociedade onde os costumes sejam reimaginados de cima a baixo...

Esta é a vasta magnitude da ambição do surrealista, como ela é proclamada, com uma certa agressividade ameaçadora, pelo nome escolhido para a revista publicada em fins de 1924, algumas semanas após a publicação do primeiro *Manifesto do surrealismo*, de André Breton: *A Revolução surrealista*. De fato, trata-se de revolucionar de cima a baixo os hábitos seculares do espírito ocidental, e para isso explorar os recursos da imaginação e dos sonhos, assim como responder às injunções do acaso, da revolta e dos mais subversivos desejos nos meandros da vida cotidiana. A palavra "revolução" contém a palavra "sonho" e o surrealista Michel Leiris perguntava se a revolução não seria a "solução de todo sonho"[7]. Esta revolução surrealista, antes de buscar possibilidades de realização em um acordo com os movimentos revolucionários (ou com frequência pretensamente revolucionários), sem suspeitar das cruéis desilusões que até hoje lhe inflige a história, reclamando para si o marxismo (em sua versão leninista) e de, posteriormente e até hoje, buscar possibilidades de realização provenientes da movida anarquista, esta revolução quer realizar-se, antes de mais nada, contra a civilização ocidental, contra sua estreita razão dominante e sua religião (o cristianismo — mas toda religião, seja ela a dos adoradores de Alá, Krishna, Buda ou do Dólar, não seria um veneno para o espírito?). Contra seus contemporâneos desgastados pelo pensamento burguês dominante, os surrealistas exploram suas afinidades com tudo que este pensamento burguês dominante repugna: a artes dos loucos, a mentalidade dita primitiva dos povos da Oceania, as perversões polimorfas das crianças tais como acabavam de ser reveladas pela psicanálise, o pensamento

[7] N. do t.: Paronomásia realizada a partir das palavras francesas "rêve" ("sonho") e "révolution" ("revolução").

analógico dos alquimistas, o erotismo sacrílego do Marquês de Sade e, é claro, a obra fascinante de Isidore Ducasse, conde de Lautréamont... E para os surrealistas essas afinidades não são objeto de uma especulação gratuita, mas alavancas sensíveis para atacar à ordem do real e multiplicar as falhas desta construção antropofágica destinada à ruína como uma vulgar Bastilha.

As duas curtas e mordazes frases seguintes, que sempre terão para os surrealistas um valor de manifesto, encontram-se nas *Poesias* de Ducasse, introduzindo um livro futuro que jamais será publicado: "A poesia deve ser feita por todos. Não por um". Demonstrando que a poesia é um bem comum à todo homem, basta que este queira colocar-se à escuta de seu inconsciente e que prefira sua "mensagem automática" (cf. Breton, "Le message automatique") frente às ninharias mais ou menos sérias que compõem a vida dos cidadãos de bem, com isso o Surrealismo de fato propõe os meios para uma subversão radical do entendimento comum. Ao contrário de René Descartes, que justificava a onipotência atribuída à razão com a duvidosa afirmação de que "O bom senso é a coisa mais bem distribuída do mundo"[8], para os surrealistas é a imaginação ou, dito de outro modo, o pensamento poético que é a verdadeira partilha e o verdadeiro quinhão da comunidade humana, por mais inconsciente de suas próprias riquezas oníricas e por mais alienada pela desrazão que essa comunidade seja. Portanto, os surrealistas consideram que a expressão da imaginação e a interrogação de seus produtos são condição para um conhecimento renovado de nossa relação com o mundo, de sua crítica necessária e da busca por uma solução revolucionária. A liberdade de imaginação é a

[8] N. do t.: Tradução de Maria Ermantina Galvão.

condição primeira para uma imaginação renovada da liberdade, para que esta não continue sendo uma divisa abstrata inscrita na fachada dos edifícios públicos mas, sim, para que ela reencontre todo seu poder que imanta o coração e o espírito de qualquer revolta.

Escrever um poema, pintar um quadro, fazer uma *collage*, tirar uma fotografia sob o impacto do acaso, criar um objeto estranhamente desconcertante, ou qualquer outra maneira de fazer ou não-fazer, sob o impulso da *preguiça criativa*, que sem dúvida é o princípio do *trabalho atraente* imaginado por Charles Fourier[9], tudo isso têm para os surrealistas uma finalidade outra, para além da estética. Atividades como essas diferem radicalmente daquelas conduzidas imperturbavelmente pelo triste grupo dos artistas que alimentam sua vaidade participando da, e se não até mesmo agravando-a, miséria sensível e intelectual deste mundo, e fazendo isso com a maior seriedade, que os torna mais parecidos com homens de negócios do que com alegres insubmissos. Diferem pois se colocam sob o registro da atividade do jogo, que portanto responde às solicitações do princípio de prazer. Pois um surrealista prefere mais ser um *homo ludens* do que um *homo faber*: uma vez que é no primeiro que a criança jamais deixou de ser e que, como diz Charles Baudelaire, "o verde paraíso dos amores infantis" está sempre aberto a ele, pois lá o esperam ora Lewis Carroll, ora a Juliette do Marquês de Sade e sempre, debaixo do grande carvalho druida, a fada Melusina... Estas criações e estes jogos que podem ser conduzidos seja individualmente, seja coletivamente, têm como objeti-

[9] N. do t.: Cf. *L'association et le travail attrayant* [*A associação e o trabalho atraente*] (Librairie de la Bibliothèque démocratique, 1873), de Charles Fourier.

vo trazer à luz os mecanismos inconscientes do pensamento poético e propor o uso emancipador desse pensamento a quem quiser apropriar-se dele. É assim que os surrealistas, seguindo Arthur Rimbaud, afirmam que a prática da poesia é capaz de *mudar a vida*. Mas como posso estimar que minha vida mudou, se a liberdade interior da qual pretendo gozar se choca ininterruptamente com a miséria do mundo? Muito rapidamente os primeiros surrealistas também notaram que essa miséria deveria ser combatida, e que para isso era necessário, segundo a palavra de ordem de Karl Marx, *transformar o mundo*. Desde então os meios para isso são incessantemente questionados, enquanto se multiplicam as tarefas a serem cumpridas para a subversão e a destruição da ordem dominante. Em meio a estas últimas, é importante buscar quais são as forças verdadeiramente revolucionárias no combate social e político, e fazer com que estas forças compreendam que as lutas pela libertação do espírito, embora certamente se desenvolvam em um plano diferente daquele no qual se situam as lutas do proletariado e de todos os oprimidos, por fim concorrem à um mesmo objetivo, do qual aliás elas mesmas podem estimar a amplitude: nada menos do que fundar uma nova civilização, depois de colocar a atual abaixo.

É assim que nos inícios de seu movimento os surrealistas assinalaram, por meio de declarações coletivas, panfletos, cartas abertas, reenvios e manifestos, as razões de sua fúria contra este velho mundo, contra este ou aquele sequelaz[10] representando seus interesses e contra este ou aquele avatar do Pai Ubu abrindo alas em direção à catástrofe ou à infâmia: são textos violentos e sempre salutares. Estes, no mais das vezes, consistem em reações enfurecidas face a uma situação revol-

[10] N. do t.: Cf. nota 201.

tante, mas há também aqueles que saúdam acontecimentos ou atos insuflados pelo ar fresco da liberdade: trata-se sempre de provocar, alertar e despertar as consciências. Ainda que estes textos tenham sido redigidos para responder a um determinado acontecimento, eles jamais são redutíveis à dimensão fatalmente efêmera do mesmo: sob as cinzas de uma determinada atualidade pode ser descortinada uma crítica radical mais geral e uma redefinição do projeto surrealista, sempre se movendo em direção à acuidade do sonho utópico e, portanto, sempre preocupado em governar-se de acordo com os princípios do *afastamento absoluto*[11], tão caro a Charles Fourier.

***

Já faz um século que o Surrealismo vem se desenvolvendo enquanto movimento organizado e para além das fronteiras nacionais e das barreiras linguísticas. E, mais de cinquenta anos após a morte de André Breton, hoje ainda existe um grupo surrealista ativo em Paris, cujos membros mais antigos conheceram o autor de *Arcano 17*.

Este grupo, ao qual me juntei em 1990, sem dúvida deve sua existência tanto à sede insaciável de seus membros por revolta e poesia – o que certamente é algo obrigatório a todo e qualquer surrealista – quanto à indestrutível obstinação destes mesmos membros em manter as exigências fundamentais de nosso movimento, coletivamente e contra ventos e marés. Obstinação necessária e às vezes temível uma vez que, como uma prática mágica, ela provoca rebotes face aos quais é preciso saber encontrar a justa medida entre o desconcerto e o desespero. O surrealismo é, para aqueles que nele se reconhecem, um cadinho onde as formas movediças de uma egrégo-

---

[11] N. do t.: Vide nota 17.

ra ardem, dissolvem-se e depois se recompõem em feixes de faíscas; mas devemos questionar-nos se essas fagulhas que iluminam os jogos da amizade e do acaso serão capazes de atravessar a escuridão onde se confundem a pequena e a grande história, psicodrama e vontade de poder, ventos e marés? Depois de muitas crises que a lucidez de Breton foi capaz de resolver, a que ocorreu em 1969 no grupo que ele havia reunido ao seu redor, levou seus últimos amigos a se desentenderem e a declararem a autodissolução de seu coletivo. Para alguns isso provavelmente foi apenas uma medida temporária, durante a qual se daria licença ao trabalho do negativo[12] para então finalmente trazer à luz as causas de querelas tanto pessoais quanto teóricas. Mas para outros, liderados por Jean Schuster, a oportunidade foi autoritariamente aproveitada para impor um trambique ideológico a quem o quisesse: admitir o fim do surrealismo "histórico" para supostamente melhor perseguir seus objetivos, deixando de reivindicar abertamente essa palavra para eles tão incômoda... É bem sabido que esta prevaricação teve resultados lastimáveis para seus promotores: a sua revista *Coupure*, que durou de 1970 a 1972, testemunha isso com sua falta de imaginação poética e seus velhos equívocos políticos (por exemplo, o apoio não-crítico ao jornal maoísta

[12] N. do t.: Segundo Guy Girard esta negatividade diz respeito "a dialética hegeliana, na qual o negativo (ou a negação da tese), i.e. as condições existentes, abrem caminho à uma solução (um ultrapassamento, uma *Aufhebung*), a qual permitirá necessariamente o movimento do por vir [*devenir*], concebido enquanto possível". A partir desta observação de Guy, não podemos deixar de lembrar e sublinhar a importância e centralidade da dialética hegeliana no pensamento dos surrealistas, sobretudo de André Breton. Ainda segundo Guy, esta dialética é retomada por Marx em seus desenvolvimentos sobre o materialismo, sendo representada pela "velha toupeira" que compromete os fundamentos da sociedade de classes.

La Cause du peuple [*A Causa do povo*]!). Mas isso foi de fato uma grande benção para as tristes hordas jornalísticas e acadêmicas, bem como para o pântano intelectual parisiense: vejam só esses surrealistas proclamando desse jeito o fim de seu movimento, e isso sem sequer se preocuparem com os outros grupos do Movimento então ativos em Tchecoslováquia, na Holanda, EUA, Brasil, etc.!

No entanto, reunidos em torno de Vincent Bounoure, outros surrealistas não aceitaram o ditame de Jean Schuster. Ao final da enquete interna *Nada ou o quê?*, Bounoure e seus amigos Jean-Louis Bédouin, Jean Benoît, Jorge Camacho, Joyce Mansour e Michel Zimbacca consideraram sua determinação suficientemente fortalecida para retomar a atividade coletiva, e assim publicaram de 1970 a 1976 uma pequena revista feita artesanalmente (visto que Eric Losfeld, o editor dos surrealistas, havia ficado do lado de Schuster): o *Bulletin de Liaison Surréaliste* [*Boletim de Ligação Surrealista*]. Uma boa parte de suas páginas foi dedicada a jogos novos, como por exemplo o jogo dos contrários, e às intervenções de amigos estrangeiros, em particular dos camaradas tchecos, confrontados em seu país com a censura do regime stalinista. A energia coletiva assim reencontrada permitiu, ainda sob a liderança de Vincent Bounoure, a elaboração de um importante livro coletivo: *La Civilization surréaliste* [*A civilização surrealista*] (Payot, 1976). Uma segunda obra coletiva reunindo, como a anterior, surrealistas de Paris e Praga, intitulada *Erotisme et surréalisme* [*Erotismo e surrealismo*] (1979), permaneceu em forma de manuscrito. Além disso, ao longo daqueles anos também houveram exposições individuais (Jorge Camacho, Marianne Van Hirtum, etc.) e coletivas; contudo, nesta época marcada pela memória ardente de maio de 1968, os surrealistas parisienses conferiram pouco lugar à exteriorização de sua preocupação revolucionária. Entretanto, graças a Michael Löwy e Michel Lequenne, o diálogo com uma das alas do movimento trotskista foi retomado, enquanto Renaud[13] e outros dedicam uma atenção apaixonada às revoltas das tribos ameríndias nos Estados Unidos: esta era mais uma maneira de marcar a proximidade espiritual entre o surrealismo e as civilizações ditas primitivas.

O *BLS* foi sucedido pela revista *Surréalisme* [*Surrealismo*], que teve apenas dois números publicados em 1977. Depois disso, apesar da passagem às vezes muito breve de novos membros pelas reuniões de café, a atividade coletiva desacelerou abruptamente. Por consequência de incômodas interações de acontecimentos externos, fadigas e desentendimentos entre amigos, e até mesmo catástrofes íntimas, a impiedosa plaina dos dias mais cinzentos às vezes se faz mais pesada. Foi assim que os anos 1980 estiveram longe de serem prósperos para o grupo ainda liderado por Vincent Bounoure. Parecia então que em Paris o surrealismo passava por um período de ocultação, porém de ocultação negativa. No entanto, como uma luz vinda de uma galáxia distante e invisível aos olhos profanos, o desafio surrealista foi novamente ouvido por algumas pessoas muito jovens, que, com timidez mas também audácia, se juntaram ao grupo em 1990, conferindo assim um novo impulso. Isso no exato momento em que o grupo tchecoslovaco tem a oportunidade de expor suas obras e suas maravilhas em uma pequena galeria parisiense mantida pela associação Hourglass, dirigida por nossos amigos Guy Flan-

[13] N. do t.: Cf. "Eu, nós, feridos", de Renaud, publicado n'A Fresta online e disponível em: < https://www.sobinfluencia.com/post/eu-n%C3%B3s-feridos >; acesso em 30 de abril de 2022.

dre e Peter Wood. Esta foi uma ótima oportunidade para os mais velhos se reconectarem com seus amigos de Praga que vieram a Paris em grande número e para os recém-chegados se iniciarem coletivamente no jogo das afinidades eletivas; e também porque participantes do novo grupo surrealista de Estocolmo vieram para exposição. Foi aí que se elaborou o projeto da publicação conjunta de um um novo *Bulletin Surréaliste International* [*Boletim Surrealista Internacional*], que viria a ter dois números publicados em 1991 e 1992. Este foi um período de efervescência renovada, refletida em termos de denúncia política por duas declarações sobre a primeira Guerra do Golfo, por exemplo. Os jogos e as experiências poéticas foram então retomadas, especialmente a prática da deriva, de tal modo que em 1993 o grupo pode propor à galeria Hourglass uma exposição coletiva elaborada com base no tema da "Terra interior"[14]. Mas por conta de divergências tanto teóricas quanto sensíveis com alguns membros dos mais velhos, que ainda reivindicavam o marxismo-leninismo, os membros mais jovens saem do grupo, sem no entanto deixarem de reivindicar o surrealismo (um deles, Jean-Christophe Belotti, que publica desde 2010 a belíssima revista *L'or aux 13 îles* [*O ouro das 13 ilhas*]). Depois disso ocorre a morte de Vincent Bounoure: sob o impulso de Marie-Dominique Massoni (que o conheceu em 1978), publica-se a revista *S.U.RR.*, sigla para *Surréalisme, Utopia, Rêve, Révolte* [*Surrealismo, Utopia, Sonho, Revolta*], que apareceu sob o selo das Editions surréalistes [Edições surrealistas]. Esta revista teve cinco números publicados de 1996 a 2005, e cada um deles enfocou um tema mobilizador de nossas reflexões teóricas e investigações poéticas e lúdicas. Foram anos férteis, ricos em contatos e trocas com amigos de Paris

[14] N. do t.: Cf. panfleto "Terra interior", p. 86.

ou do interior que, mesmo sem se denominarem surrealistas, de vez em quando participavam de nossos debates ou de nossas exposições. Houveram também intercâmbios com grupos surrealistas estrangeiros e relativamente novos, assim como com o meio anarquista do qual alguns de nós fazemos parte. Depois disso novamente houve uma queda na intensidade da atividade do grupo, o que levou à saída de Marie-Dominique Massoni. No entanto, por volta de 2012, reforçou-se o desejo de afirmar nossa vontade comum de pesquisa poética e intervenção crítica na constelação surrealista internacional, onde brilhavam novas estrelas, como por exemplo no Canadá ou no Brasil; novos jogos foram experimentados, bem como investigações sobre os problemas dos sonhos e sua interpretação. Nesta fase, surgiu a necessidade do lançamento de uma nova revista, e foi assim que, em 2019, surgiu *Alcheringa*, que a partir de seu segundo número, publicado em 2021, é editada sob o selo editorial Éditions du Retrait, passando a ser editada pela editora Vénus d'Ailleurs em 2022.

***

Para nós é difícil julgar o eco que se segue às nossas intervenções, seja se tratando de nossas revistas, de nossas exposições ou de nossos folhetos e declarações coletivas. Contudo, um eco que certamente deixou de existir – os tempos mudaram e os vermes aprenderam a usar as armas que deveriam tê-los matado: o do escândalo. Será que nossas fúrias estão abrindo caminho em outro lugar que não no labirinto de areia movediça onde algumas mensagens verdadeiras se perdem e se diluem na insignificante logorréia midiática? Pois se trata sempre de despertar a mais ampla consciência do desastre civilizado e de convidar à rebelião todos aqueles que ainda possuem as forças subversivas do desejo e do sonho.

Por isso é extremamente raro que nossas mensagens sejam transmitidas pelas mídias dominantes; sua difusão é melhor assegurada pelos círculos revolucionários marxistas e anarquistas, para os quais tendem nossas afinidades. Quando as circunstâncias o permitem, às vezes as distribuímos durante manifestações ou protestos. Mas de qualquer maneira que cheguem aos seus leitores, estes textos, assim como a publicação têm contribuído para tornar a atividade surrealista visível àqueles que se indagam sobre ela, que de fato se oculta muito menos do que é ocultada pelos mestres da lavagem cerebral contemporânea, como aliás ocorre com todo empreendimento realmente subversivo.

O leitor talvez se surpreenda por não termos dito nada sobre este ou aquele evento, cuja abjeção perturbadora por certo teria validamente exigido que mostrássemos pelo menos nosso opróbrio em relação a ele. Mas para nós jamais se tratou de responder sistematicamente ao que nos aflige. Neste caso o risco seria de, ao privilegiar o exercício de nosso pensamento crítico, desenvolver uma ideologia — ainda que fosse a do *afastamento absoluto* — e apenas manejar, com um certo exagero ridículo, uma coleção de clichês e frases feitas que seria desonesto estarmos fingindo trazer de volta dos chapéus tirados[15] da linguagem surrealista. A coerência que esta coletânea nos parece ter é, antes de mais nada, a de uma revolta preocupada em manter visível aquilo que a faz jorrar e que a alimenta ao longo de seu percurso: o desejo

[15] N. do t.: Em francês "de derrière les fagots", expressão que corresponde em português à "de tirar o chapéu" e título de uma coletânea de poemas de Benjamin Péret publicada em 1934.

de liberdade dado pela prova e pelo intercâmbio do pensamento poético. Estes textos foram escritos por indivíduos que, por terem lido Fourier, Marx, Bakunin e alguns outros, consideram-se acima de tudo poetas e que obtém prazer colocando em jogo tanto o exercício de suas faculdades críticas quanto o de sua imaginação, e mais ainda fazendo ambas se interpenetrarem. Assim, qualquer que seja a argumentação teórica que esses textos possam desenvolver, sua pertinência deve ser situada na exigência de que eles afirmam que o real somente pode ser apreendido pelo pensamento poético que sinaliza todas as possibilidades de sua transmutação.

É neste sentido que o surrealismo deve sempre se fazer ouvir no concerto inacabado de rebeliões e projeções revolucionárias. Aqueles a quem nos dirigimos e com quem, mesmo que apenas no momento de uma manifestação de rua mais ou menos selvagem, instaura-se um diálogo, não necessariamente conhecem a trajetória ou a lenda do Surrealismo. No entanto, há os que, como nós, esperam que toda e qualquer palavra que expresse livremente a revolta e o desejo de um mundo radicalmente transformado convide desta maneira a soberania da poesia a manifestar-se. É a essas pessoas que se dirige este livro, cuja última página ficou em branco, como que para marcar um encontro, e também em branco como a História que, segundo André Breton, "cai lá fora como a neve".

* Devo salientar, entretanto, que esta coleção não pretende reunir todas as declarações coletivas feitas pelos surrealistas parisienses desde 1970; o conjunto de textos aqui apresentados é unicamente o resultado de uma escolha pessoal e o mesmo se aplica às ilustrações.

1970
1979

O PENSAMENTO DEMANDA...

O pensamento demanda circulação. O pensamento surrealista, particularmente agitador, deve sua fecundidade tão somente ao jogo de trocas, constantemente renovadas, ao qual dedicaram-se aqueles que reivindicaram este pensamento e que partilhavam seus respectivos aportes como um bem-comum. Entretanto, há alguns anos este jogo foi falseado, menos por disputas pessoais, quase sempre inevitáveis e secundárias, do que em razão de uma espécie de erosão da sensibilidade e de um relaxamento dos ânimos intelectuais enfraquecidos por quase meio século de exercício. A crise ocorrida no ano passado, que levou à cisão do grupo, foi o desfecho natural ao qual estas carências levaram, e a decisão de suspender todas as atividades coletivas até segunda ordem foi uma conclusão lógica.

Eis então que há mais de um ano cada um de nós encontra-se de alguma forma voltado a si mesmo e devendo prestar contas somente à si e à nenhuma instância coletiva, tão discutível quanto discutida, sobre o que empreendemos para mudar a vida, assim como sobre a esperança ou o desespero que se coloca a partir disso. Temos de nos felicitar. Ainda mais pelo fato de que muitas respostas à enquete *Nada ou o quê?* [*Rien ou quoi?*] (março de 1970)[16] fazem pensar que, para muitos, a aventura continua, com a tarefa de reinventar as formas e, ainda mais, de abrir as vias, cuja obstrução contribuiu tanto para a autossatisfação de uns como para o masoquismo de outros.

[16] N. do t.: Cf. nota 3.

Se estes dois perigos que, além de tudo, são resultantes de uma mesma falta de autoconfiança, parecem por enquanto afastados, o mesmo não se dá com relação ao perigo de isolamento que ameaça muitos de nós. Limitados a manter relações distantes com os demais surrealistas, na maioria das vezes em razão de sua situação geográfica, estes correm o risco de serem levados a se fecharem sobre si mesmos, na falta de meios mínimos de comunicação e de discussão. Não deixará de resultar disso um desperdício de energias que não será somente prejudicial a todos, mas também pesará muito no desenvolvimento posterior do pensamento que nos anima.

Daí a necessidade, em nossa opinião, do presente *Boletim de ligação surrealista* [*Bulletin de liaison surréaliste*] cujo objetivo, num primeiro momento deliberadamente restrito, é manter-nos a par das realizações pessoais de cada um no que diz respeito à busca, à experimentação ou à criação.

Por razões práticas evidentes, este boletim, numa tiragem de 100 exemplares destinados à difusão estritamente interna, é realizado por aqueles dentre nós que tomaram iniciativa. Porém, que fique bem claro que não aspiramos de modo algum a imprimir ao boletim uma determinada orientação, nos acreditando capazes de determiná-la *à priori*. Não é suficiente adotar um posicionamento de "afastamento absoluto"[17] com relação ao mundo em que vivemos; é preciso igualmente to-

[17] N. do t.: No original *écart absolu*, literalmente *afastamento absoluto* ou, como traduzir Sergio Lima em *O Rasgo absoluto* (Debout Sur l'Oeuf, 2016), "esgar absoluto". Trata-se de um conceito formulado por Charles Fourier em sua *Teoria dos quatro movimentos* [*Théorie des quatre mouvements*] e que figura como título da exposição internacional do surrealismo realizada em 1965, a última antes da morte de André Breton em 1966. Outras traduções possíveis para a palavra *écart* seriam abertura — como no abrir das pernas —, recusa, desvio e diferença, dentre outras.

mar toda distância possível com relação aquilo que já foi, e que não nos permitiria de maneira alguma antecipar o futuro, sob a ameaça de nos deixarmos dominar por nossas próprias contradições. Não é direito de pessoa alguma definir uma "linha" surrealista e menos ainda de impor seu traçado. Mas é da alçada de cada um de nós descrever sua própria trajetória e fixar os pontos nos quais ela coincide ou, ao contrário, onde ela se afasta da trajetória dos outros.

A apresentação destas páginas não nos pareceu incompatível com seu objeto. Se nós a adotamos somente a título provisório foi por preocupação de não empreender nada que não pudéssemos levar a cabo neste clima de liberdade total que caracteriza a atividade do jogo, tal como foi praticada e que nos parece mais do que nunca necessária de ser praticada entre nós. De fato, pensamos que o sucesso da empreitada dependerá, em larga medida, do caráter não restritivo que saibamos conferir-lhe. É por isso que lhes propomos que aceitem como regra do jogo — e talvez como princípio de invenção — as inevitáveis limitações resultantes do projeto gráfico que nos é imposto, especialmente no que concerne à extensão das comunicações e às dificuldades de reprodução gráfica.

Por fim, é de comum acordo que a crítica e a polêmica, amplamente representadas nas publicações surrealistas anteriores, poderiam ocupar nesta publicação somente um espaço limitado, na medida em que não se trata, ao menos não atualmente e com os meios dos quais dispomos, de intervir externamente, mas sim de nos reconhecermos e retomarmos o gosto pela ação em conjunto.

Paris, setembro de 1970

Jean-Louis Bédouin, Jean Benoît, Vincent Bounoure, Jorge Camacho, Joyce Mansour, Michel Zimbacca.

Este é o texto de abertura do primeiro número do Boletim de ligação surrealista *[*Bulletin de liaison surréaliste*], publicado numa tiragem de 100 exemplares em novembro de 1970. Sua difusão foi estritamente reservada aos que, em Paris e também no interior da França e no exterior, continuavam se afirmando* surrealistas, *aceitando todos os desafios que isso comporta, contrariamente a Jean Schuster e seus amigos que, neste mesmo momento, lançavam a inofensiva revista* Coupure[18].

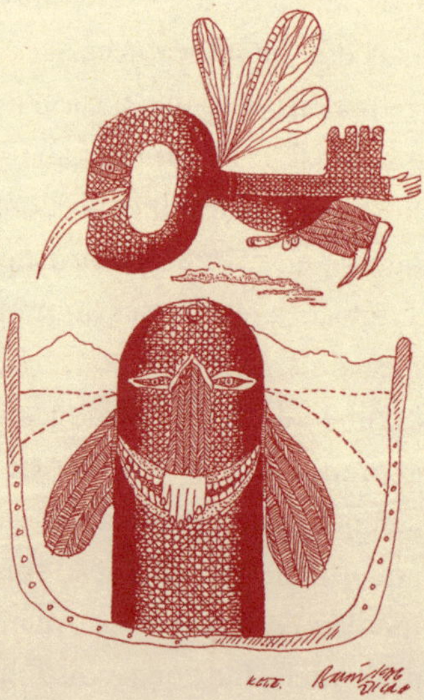

Karol Baron

[18] N. do. t: Em português *Corte* ou *Recorte* (também no sentido de clipping de imprensa), revista dirigida por Jean Schuster, José Pierre e Gérard Legrand, publicada de 1969 a 1972.

CARTA À A.I.M[19]

De Wounded Knee até aqui se fez ouvir a voz do tambor indígena, batimento cardíaco dos homens e batimento cardíaco do universo.

O tambor indígena convoca à uma luta que não é somente justa, que não é somente indígena, mas que é um combate e uma purificação necessária e exemplar a todos.

O tambor indígena nos diz que há mais esperança na miséria e na dor indígena de hoje do que em todas as riquezas adulteradas e em todo o saber abstrato da civilização branca.

O tambor indígena nos fala de um mundo onde os homens não são os inimigos uns dos outros, onde os homens e o universo não são inimigos. Ele nos fala de um mundo de paz e harmonia.

O tambor indígena nos fala de homens unidos pela sua dignidade e pela sua espiritualidade intacta, unidos pelo amor à terra que habitam, pelo seu sentimento da vida aparente e escondida das coisas, unidas por todos os laços do coração e do pensamento.

O tambor indígena nos fala da vida, da vida contra uma civilização cuja única razão de ser parece que é a morte, uma civilização que mata e mata a si mesma e que nós, enquanto escritores e artistas, combatemos desde sempre em nome do sonho, que para os indígenas é uma realidade, ferida mas viva[20].

---

[19] *American Indian Movement.*

[20] N. do t.: Podemos encontrar um eco desta afirmação em "Sonhos para adiar o fim do mundo", capítulo do livro *A vida não é útil*, de Ailton Krenak (Companhia das Letras, 2020).

É por isso que estamos à escuta das nações indígenas; pois, melhor que qualquer um, elas sabem o que foi, o que é e o que será.

É por isso que, sempre que necessário, estaremos do seu lado, no limite de nossas possibilidades, juntamente com o comitê francês de suporte ao *American Indian Movement*, de modo que não somente as nações indígenas, mas todos os povos do mundo, como dizia Black Elk[21], "possam voltar ao círculo sagrado e reencontrar a boa via vermelha e a árvore que protege".

Paris, outubro de 1973
Movimento Surrealista

Publicado na oitava edição do Boletim de ligação surrealista *[*Bulletin de liaison surréaliste*], datado de fevereiro de 1974 e assinado coletivamente pelo* Movimento Surrealista, *denominação que então voltava a ser utilizada publicamente, esta carta testemunha o interesse constante dos surrealistas pelos povos ameríndios e seu combate contra os valores da civilização ocidental. Em 1973 os indígenas da tribo Sioux Oglala realizaram uma ocupação no vilarejo Wounded Knee. Esta é uma localidade simbólica, pois se situa nas proximidades do local onde ocorreu a última batalha das guerras indígenas, em 1890. Nesse mesmo número do boletim, um texto de Roger Renaud relata este acontecimento[22]. A ele seguem-se diversos endereços da imprensa indígena*

[21] N. do t.: Black Elk (1950), em português "Alce Negro", foi um famoso pajé sioux que lutou contra o exército do general Custer e sobreviveu ao massacre de Wounded Knee, ocorrido na Dakota do Sul em 29 de dezembro de 1890.

[22] N. do t.: Publicado n'A Fresta em 10 de agosto de 2022 e disponível em: < https://www.sobinfluencia.com/post/eu-nos-feridos >; acesso em 06 de setembro de 2022.

autônoma e do comitê francês da A.I.M, *assim como uma convocação à participação num leilão de obras de arte em benefício dos radicais indígenas indiciados pela justiça americana.*

Franklin Rosemont

ABERTURA

O desejo de continuar a aventura surrealista que compartilhamos hoje nos leva a tomar um novo ponto de partida. Isto é, publicando pela primeira vez depois de três anos uma revista que testemunha a atualidade do surrealismo, não poderíamos assumir tarefa mais premente que explorar as novas vias que percebemos no contexto das buscas individuais e coletivas, noticiadas pelo *Boletim de ligação surrealista* [*Bulletin de liaison surréaliste*] de 1970 até o ano passado. Não duvidamos que essas novas vias, das quais deu-se uma primeira ideia geral com a obra coletiva *A civilização surrealista* [*La civilisation surréaliste*][23], sejam convocadas a se entrecruzarem com as vias de um pensamento revolucionário que está se libertando das sujeições dogmáticas do passado.

O surrealismo, cujos princípios fundamentais não sofreram modificações consideráveis ao longo do tempo, acentuou ora a ação, no que ela tem de imediato, ora a reflexão, cuja prática, para ser fecunda, supõe que seja tomada toda distância desejável com relação ao seu objeto. Seria preciso a maior má-fé, da qual seus adversários se mostraram capazes, para opor o pensamento surrealista, que se elabora através da criação individual, à ação surrealista, que se manifesta por meio de uma coletividade. Esta, por sua vez, é submetida, como todos os grupos humanos, a uma dinâmica particular, regida por leis de atração e repulsão cujos efeitos são ainda mais perceptíveis ao afetarem minorias dotadas de uma

[23] N. do t.: Obra organizada por Vincent Bounoure e publicada em 1976 pela editora Payot, ainda inédita em português.

elevada irradiação passional. Na realidade, esse pensamento e essa ação procedem um do outro, um levando ao outro, o qual por sua vez reage ao primeiro, de modo que eles não poderiam ser analisados separadamente e menos ainda compreendidos sem levar-se em conta sua interação.

Inseparável de uma prática da vida, o surrealismo não pode ignorar as realidades do mundo presente, com as quais ele é continuamente confrontado e que lhe ditam uma lei que faz com que ele evolua com elas. Atualmente, temos de vencer obstáculos cuja resistência aumentou consideravelmente. Nos perguntamos especialmente como conciliar a liberdade de criação, a exploração do imaginário, a exaltação do desejo e a necessidade de sobreviver em sociedades que só se distinguem umas das outras pela sua forma de barbárie? Trata-se de um problema que devemos resolver nos valendo de nossos próprios meios, podendo contar em tal caso somente com a nossa revolta e a reflexão crítica que ela deve instigar ininterruptamente. Diferente do que se dava em outros tempos, a barbárie moderna não está tão segura assim de si mesma. Como certos insetos venenosos, ela toma o cuidado de paralisar sua presa antes de devorá-la. É assim que, para nos atermos àquilo que qualquer um pode facilmente observar em sua vida cotidiana, o poder se esforça para prevenir todo tipo de agitação por parte dos indivíduos, injetando-lhes um sentimento de insegurança e frustração, feito para dissuadir-lhes de qualquer tipo de contestação verdadeira. Entretanto, nos resta escapar deste condicionamento sadomasoquista, por menos que ele nos diga respeito. Cabe somente a nós recusar a segurança sem limitação de riscos que o Estado nos oferece como contrapartida à nossa submissão.

O surrealismo é atualmente mais um inventar do que um continuar. Isso quer dizer que neste campo, não seria o caso de reclamar para si a história e instituir os guardiões de uma ortodoxia. A experiência passada só pode ser assimilada à uma tradição viva e não à uma herança. Uma tal tradição só tem chance de transmitir com sucesso seus valores e seus signos sob a condição de que seja inspirada, isto é, profética, e de saber sacrificar alegremente seus prestígios aos riscos da ação presente.

Os métodos de exploração e repressão foram aperfeiçoados muito mais rapidamente do que os meios de libertação que poderiam opor-se a eles. Atualmente a superioridade dos métodos de outrora sobre os atuais é tamanha que não é nem minimamente provável que o poder possa ser vencido em seu próprio terreno. Exceto se ele fosse combatido por um poder adverso, usando as mesmas armas e sujeito aos mesmos abusos. Consequentemente, é preciso empreender esta luta em outro terreno, o terreno das realidades da vida sensível e espiritual, onde o poder é bem menor e bem menos organizado para defender-se da subversão. Isso se dá pelo fato de ele mesmo ser tributário de forças irracionais cujo controle lhe escapa e sobre as quais teremos de agir para abatê-lo, supondo portanto que criemos objetivos que não sejam limitados somente ao domínio da necessidade imediata, mas que sejam de natureza à imantar todo o desejo humano. O que implica igualmente que não deixemos para responder depois à questão do sentido da vida.

Quanto a nós, surrealistas, afirmamos que esta é uma questão vital e que o porvir de toda ação revolucionária digna deste nome depende da resposta que seremos capazes de dar ao término de uma busca que não pode ser independente da prática da vida em si mesma. Concretamente, para nós trata-se de atacarmos a própria raiz da opressão secular, a qual se alimenta mais do que nunca dos mitos que nos governam e com relação à qual precisamos tornar-nos mestres.

Este texto sem assinatura, mas sem dúvida de autoria de Vincent Bounoure, constitui o editorial do primeiro número da revista Surrealismo [Surréalisme], *publicada no primeiro trimestre de 1977. Sucedendo-se ao confidencial* Boletim de ligação surrealista *[*Bulletin de liaison surréaliste*]*, *cuja publicação havia sido suspensa alguns meses antes e logo após ao lançamento da obra coletiva* A civilização surrealista *[*La civilisation surréaliste*] (*Payot, 1976*), esta revista, impressa pela editora Savelli, propunha-se a dar maior visibilidade à atividade surrealista. Nela podemos também notar a presença dos surrealistas tchecoslovacos. Infelizmente, a revista contou com somente dois números, sendo que seu editor declarou falência pouco tempo depois de sua publicação.*

EM FAVOR DE PARANAGUÁ E DE SEUS COLEGAS DE CELA

No mês de outubro de 1976 foi difundido o apelo abaixo:

O poeta e cineasta surrealista Paulo Paranaguá e sua companheira Maria Regina Pilla, detidos pela polícia argentina em maio de 1975, torturados e em seguida acusados de "complô internacional" em conjunto com mais outros dez presos políticos, foram inocentados pela justiça argentina em dezembro de 1975. Eles foram mantidos em detenção até obterem autorização de residência na França, conferida na primavera deste ano. Desde então o poder militar de Buenos Aires vem se recusando a executar as decisões tomadas pela justiça. Além disso, ficamos sabendo que no mês de agosto, Paulo Paranaguá, depois de ser levado à uma localidade a 400km de La Plata, onde estava detido, foi novamente submetido à tortura, e que sua vida está em risco, assim como a dos demais acusados.

Denunciamos essas violações flagrantes e repetidas dos direitos elementares do indivíduo perpetradas pelo regime militar de Buenos Aires. Demandamos a libertação imediata de Paulo Paranaguá, de Maria Regina Pilla, de seus camaradas detidos e dos 35.000 presos políticos em detenção na República Argentina.

Jacques Abeille, Jean-Christophe Bailly, Jean-Louis Bédouin, Loleh Bellon, Jean Benoît, Arsène Bonafous-Murat, Marguerite Bonnet, Vincent Bounoure, Thom Burns, Bernard Caburet, Vincent Cottin, Aurélien Dauguet, Gilles Deleuze, A-K El Janaby, Nicole Espagnol, Jean-Pierre Faye, Michel Foucault, Gérard Fromanger, Pierre Guislain, Robert Guyon, Guy Hallart, Marianne van Hirtum, Alain Jouffroy, Alain Joubert, Robert Lagar-

de, Michel Leiris, Eric Losfeld, Alberte Maera, Joyce Mansour, Jean Markale, Jacques Monory, Georges-Henri Morin, Mimi Parent, Bona e André Pieyre de Mandiargues, Renaud, Claude Roy, Max Schoendorff, Ahouva Toche, Michel Zimbacca.

De acordo com as últimas notícias, Paulo Paranaguá está incomunicável e em condições de detenção profundamente penosas. Não recebemos nenhuma informação sobre a situação de Maria Regina Pilla.

*Além disso, sob iniciativa de Stephen Schwartz e Richard Waara constituiu-se em São Francisco um comitê de defesa (*Bay Area Group for the defense of Paranagua and Pilla, P.O. Box 26481 San Francisco, Calif. 94126*) que publicou panfletos e protestos em setembro passado e acaba de editar uma plaquete — intitulada* Justice in this Hemisphere, the case of Paranaguá and Pilla *— denunciando o apoio ativo dos Estados-Unidos aos abusos policiais cometidos na América Latina.*

Último minuto: após serem libertados juntamente com alguns outros colegas de prisão, Paulo Paranaguá e Maria Regina Pilla chegaram a Paris no dia 22 de janeiro de 1977.

Este texto, que recolhe assinaturas exteriores ao surrealismo amalgamadas às dos membros do grupo surrealista e de seus amigos, foi publicado no primeiro número da revista Surrealismo [*Surréalisme*][24]. Esta campanha de solidariedade a Paulo Paranaguá e Maria Regina Pilla já havia sido anunciada num texto mais breve, publicado na última edição do Boletim de ligação surrealista [*Bulletin de liaison surréaliste*], em abril de 1976, informando que uma dezena de militantes da extrema-

[24] N. do t.: Em meio às assinaturas, sublinhamos a presença de nomes como Gilles Deleuze e Michel Foucault, amplamente conhecidos no Brasil mas raramente associados ao movimento surrealista.

-esquerda havia sido raptada e sequestrada pela polícia da ditadura militar argentina na primavera de 1975. Paulo Paranaguá participou das atividades surrealistas nos anos 1960.

Aurélien Dauguet

MAIS UMA VEZ

A partir de nossa perspectiva, em seu estado atual a evolução desta época revela produtos ideológicos novos que se mantiveram até aqui sob forma latente nas subestruturas inconscientes. A racionalização informática de todos os aspectos da existência com vistas ao bom uso econômico é somente o resultado de projetos do século passado. Mas a generalização realizada neste sentido, à medida em que as últimas zonas francas são gradualmente dominadas, suscita, *em caução*, uma sacralização do positivismo que até o presente momento jamais atingira tal extensão mundial. Para muitos, é graças à inscrição das regras de organização racional da produtividade em novas tábuas do monte Sinai que acabamos esquecendo *a quem* estas regras beneficiam. Daí uma situação sociopolítica onde o "inimigo de classe" parece muito mais um interlocutor no debate reivindicativo e, sobretudo, um aliado experiente, cujos métodos se passam pelos mais eficazes, e as lições por insubstituíveis. Assistimos paralelamente a uma redistribuição da esfera intelectual, cujas energias, obedecendo à decisão de poderosos vigaristas, dão a princípio uma coloração religiosa à racionalidade prática e depois imergem na receptividade, seja do espetáculo, seja do lazer organizado, ressurgindo em formas regressivas do sentimento público; formas categoriais: permanência de racismos e ressurgimento de chauvinismos; formas simbólicas: slogans em voga e divinização de personalidades da arena esportiva e do ringue político.

Mais uma vez, nada disso é verdadeiramente novo. No entanto, alguns destes pedaços de realidade, que são específicos deste século, isolados de todos os demais num conjunto parcial, serviram de tijolos para a construção dos fornos crematórios, de rebites para prender os arames-farpados siberianos, de grades para trancar as jaulas que ainda não caíram em desuso. Não seria necessário que nos inquietássemos diante do fato de que todos os traços que marcam o atual rosto do mundo compõem, desta vez todos juntos e em sua conjugação, um rito inédito? Mas transparente![25] O que ele dissimula e manifesta é um nazismo mole, humanista como as cruzadas, europeu e dissimulado como a Inquisição, internacionalista como a polícia e vergonhoso a ponto de verter sangue somente em segredo. A falsificação do vocabulário dá lugar a uma competição onde os recordes são diariamente batidos e as vontades desviadas. Assim a falsa consciência do público se dilata e digere seus pecados graças a ímpetos caridosos.

É por isso que a presença surrealista ressurge. No fundo jamais desmentida e insubstituível no seu ofício de correia de transmissão entre o perverso polimorfo e o milenarista que insistimos em fazer coabitar-nos dialeticamente com o realista, a prática surrealista consiste aqui em dar às palavras seus sentidos, em descrever o céu à imagem do qual será travada a próxima luta e em apostar a vida na verdadeira esperança.

Paris, 1979

[25] N. do t.: Não podemos deixar de sinalizar a relação entre esta interjeição e os desenvolvimentos apresentados pelo filósofo coreano, radicado na Alemanha, Byung Chul-Han (1959), na obra *Sociedade da transparência* (Editora Vozes, 2012).

Pedro Azevedo, André Bernard, Michel Bernard, Micheline Bounoure, Vincent Bounoure, Aurélien Dauguet, Chantal Jahier, Michaël Löwy, Geneviève M., Michel Zimbacca.

Este texto foi publicado em 1979 numa folha solta, impressa em frente e verso, no formato de um peixe ou dirigível, após o fim da publicação da revista Surrealismo *[*Surréalisme*]. Esta publicação, que não teve continuidade, agrupava contribuições, textos e imagens dos surrealistas parisienses e também de alguns de seus amigos de Praga, como Eva Švankmajerová.*

1980
1989

PÁSSARO HERMÉTICO: A RESPOSTA DOS SURREALISTAS A JÜRGEN HABERMAS

Num artigo de Jürgen Habermas publicado há pouco tempo pela revista *Praxis International*, assim como em outros escritos do mesmo autor, podemos encontrar referências ao surrealismo que infelizmente testemunham uma certa incompreensão.

Primeiramente, Habermas parece associar o surrealismo ao fenômeno da aura analisado no escritos de Walter Benjamin. Apesar disso, se a aura é, de acordo com Benjamin, o valor cultural da obra de arte; se sua predominância absoluta no primeiro período da atividade artística humana fazia de seus produtos "antes de mais nada, instrumentos mágicos" (Benjamin, *A obra de arte na era de sua reprodutibilidade técnica*); e se o surrealismo é sobretudo — como o próprio Benjamin escreveu, numa profunda intuição — uma *experiência mágica* com palavras (Benjamin, *O surrealismo, último instantâneo da inteligência europeia*[26]), como podemos descrevê-lo como um empreendimento de destruição da aura? Não seria mais uma tentativa de *re-estabelecer a aura mágica da arte* como ela ainda pode ser encontrada nas assim denominadas sociedades primitivas ou na tradição esotérica (hermética)? Ou melhor, não é uma tentativa sistemática de metamorfose "aurática" — isto é, mágica — de *todas* as atividades do espírito humano?

[26] N. do t.: Publicado no Brasil no volume *Obras escolhidas I: magia e técnica, arte e política* (Brasiliense, 1985).

Segundo Habermas, o objetivo do surrealismo seria a *liquidação da arte*, da aparência e da representação artística[27]; em outro ensaio ele se refere ao "programa surrealista de negação da arte"[28]. Será possível que Habermas esteja confundindo surrealismo com dadaísmo? Da mesma maneira que a crítica efetuada por Horkheimer à concepção tradicional de teoria não significa de modo algum a "liquidação" da teoria, a rejeição surrealista às concepções estéticas tradicionais não significa de modo algum a "negação" da arte. A poesia, o imaginário e a arte não somente não são "negados" ou "liquidados", como constituem para os surrealistas a forma suprema de *soberania do espírito*, à qual eles juram lealdade. Longe de querer "liquidar" a poesia, Breton esperava chegar "o tempo em que ela decrete o fim do dinheiro e partilhe sozinha o pão do céu com a terra". (*Manifesto do surrealismo*). Com relação às artes plásticas, o surrealismo não visa à liquidação da aparência ou da representação, mas sim a utilizá-las para revelar o *modelo interior* (Breton, *O surrealismo e a pintura*).

A terceira observação de Habermas — diretamente ligada às precedentes — é que o surrealismo tinha a intenção de realizar "a falsa *Aufhebung* da arte na vida"[29] ou ainda de "suprimir a esfera autárquica da arte e forçar uma reconciliação entre a arte e a vida"[30]: segundo ele o surrealismo seria justamente o momento histórico em que a arte moderna destrói de modo programático o envelope da aparência, a qual cessa de ser bela para assim poder encontrar, des-sublimada — a vida ela mesma.

---

[27] Nota do autor: Habermas, Jürgen. "Questions and Counterquestions", *Praxis International*, vol. 4, nº 3, October 1984, p. 237.

[28] N. do a.: Habermas, Jürgen. "Modernity versus Postmodernity", *New German Critique*, nº 22, Winter 1981, p. 11.

[29] N. do a.: Habermas, Jürgen. *Praxis*, 1984, p. 237.

[30] N. do a.: Habermas, Jürgen. *New German Critique*, 1981, p. 10.

Contudo, os surrealistas jamais quiseram uma "vida des-sublimada"; pelo contrário, consideram a *sublimação* como sendo — para retomar os termos de André Breton no *Segundo Manifesto do Surrealismo* — "esta tese freudiana da qual depende a maior parte de sua agitação"[31]. Seu objetivo não é "reconciliar" arte e vida, mas *mudar a vida* (Rimbaud) e *transformar o mundo* (Marx)[32], uma tarefa revolucionária para a qual a arte é uma das mais poderosas alavancas, enquanto fermento da negatividade, princípio de recusa da realidade e agulha magnetizada apontando sempre na direção do afastamento absoluto[33]. Não se trata de dissolver a arte *na* vida (ou vice-versa) mas de operar uma *Aufhebung* — em sentido hegeliano, isto é, de *crítica/conservação/superação* — das oposições tradicionais entre sonho e realidade, razão e loucura, poesia e vida cotidiana. Certamente, este procedimento surrealista é um pássaro hermético que não pode ser facilmente aprisionado nas teias de aranha cujos fios são as categorias da compreensão racionalista/analítica, pré-hegeliana e pré-dialética.

Para o surrealismo a arte é sempre, desde suas origens, parte orgânica da vida. O problema colocado pela atividade surrealista não é, consequentemente, reabsorver a arte na vida, mas sim orientar ambos em direção ao pólo comum

[31] N. do t.: A citação continua com "enquanto homens — anseio por criar, por destruir artisticamente". Manifesto publicado por Breton na revista *Révolution Surréaliste nº12*. Todas as traduções de citações são nossas, exceto quando indicada outra autoria.

[32] N. do t.: Em uma conferência pronunciada em 1º de abril de 1935 em Praga, André Breton afirma: "'Transformar o mundo', disse Marx. 'Mudar a vida', disse Rimbaud. Estas duas palavras de ordem para nós são somente uma". O texto desta conferência foi publicado naquele mesmo ano pelas Éditions du Sagittaire com o título de *Posição política do surrealismo* [Position politique du surréalisme].

[33] N. do t.: Cf. nota 17, p. 30.

que é a liberdade de espírito — mostrando assim à humanidade como sair desse "corredor pestilento onde (...) moralmente se torna quase impossível recuperar o fôlego" (André Breton, *A lâmpada no relógio*, 1948)[34].

Habermas refere-se ao "xeque da revolta surrealista" contra a institucionalização da arte[35]. É verdade que muitos artistas surrealistas acabaram por se tornarem eles mesmos "institucionalizados"; de acordo com a nossa opinião — e Habermas parece partilhar do nosso ponto de vista, se bem compreendemos seu artigo — isso não diminui em nada a legitimidade da revolta. E, sobretudo, a rebelião surrealista visa muito mais do que o estatuto institucional da arte: é o conjunto das instituições e formas de pensamento dominantes de nossa civilização que é posto em questão. Enquanto alguns espíritos obstinados se recusam a submeter-se ao poder total da razão instrumental, é cedo demais para falar em "xeque" da revolta surrealista.

1985

---

[34] N. do t.: "A lâmpada no relógio" ["La lampe dans l'horloge"] é um ensaio foi publicado em 15 de junho de 1948 na coleção "L'âge de l'or" ["A idade do ouro"], dirigida por Henri Parisot, com um frontispício de Toyen, e seguido por um discurso pronunciado por André Breton em 30 de abril do mesmo ano na primeira reunião pública do movimento pacifista "Fronte humano" ["Front humain"]. Posteriormente, este ensaio passou a integrar o volume *La clé des champs*. A frase completa da qual é extraída a citação acima é a seguinte: "Do fundo deste corredor pestilento onde encontra-se engajado o homem de hoje moralmente se torna quase impossível recuperar o fôlego".

[35] N. do a.: Habermas, Jürgen. *Praxis*, 1984, p. 237.

Grupo Surrealista de Paris: Vincent Bounoure, Aurélien Dauguet, Michel Lequenne, Michaël Löwy, Marianne Van Hirtum, Eleni Varikas, Michel Zimbacca.

Grupo Surrealista da Tchecoslováquia: Karol Baron, František Dryje, Vratislav Effenberger, Joseph Janda, Jiří Koubek, Emila Medková, Albert Marenčin, Alena Nádvorníková, Ivo Purs, Martin Stejskal, Ludvík Šváb, Eva Švankmajerová, Jan Švankmajer.

Grupo Surrealista de Buenos Aires: Silvia Grenier, Julio del Mar, Ricardo Robotnik, Peter Wood (Londres), John Graham (Nova-Iorque).

Em meio aos filósofos da Escola de Frankfurt, é sem dúvida Jürgen Habermas o que pior compreendeu as apostas revolucionárias do surrealismo, diferentemente de Walter Benjamin, ou ainda de Herbert Marcuse, que nos anos 1970 estabeleceu amistosos intercâmbios com Franklin e Penelope Rosemont e o grupo surrealista de Chicago. Assim, esta declaração, proposta pelos surrealistas parisienses e assinada pelos grupos da Argentina e da Tchecoslováquia, tinha como objetivo denunciar os erros de interpretação mais flagrantes cometidos por Habermas. A declaração foi publicada na revista Praxis International, *volume 6, número 4 e traduzida para o inglês em janeiro de 1987.*

1990
1999

A DOMÉSTICA E OS POLICIAIS

Com apenas uns poucos dias de intervalo ocorreram dois julgamentos cujo contraste lança uma luz crua sobre uma certa prática da justiça francesa; justiça cega a tudo, exceto aos preconceitos de classe, raça e sexo; justiça surda à tudo, exceto aos privilégios de imunidade policial.

No dia 27 de janeiro o delegado Jean Schmitt e o guarda municipal[36] Christophe Garcia, acusados de desferir golpes mortais no estudante magrebino Malik Oussekine (nas grandes manifestações estudantis de 1986), foram condenados a "penas de princípios": isto é, suspensão das respectivas penas de cinco e dois anos de prisão. Em outras palavras: sequer um dia na prisão pelo espancamento de um jovem até a morte. A imunidade dos agentes do estado (policiais, militares e outros) já era regra tanto nos tribunais de Vichy[37], como nos da guerra da Argélia[38]. Será que voltamos definitivamente a

[36] N. do t.: Em francês, "gardien de la paix", literalmente "guarda da paz".

[37] N. do t.: Tribunais de exceção criados em 1941 por Pierre Pucheu, então ministro do interior francês, e Maurice Gabolde, procurador da justiça, durante o mandato do Marechal Pétain, presidente francês aliado dos nazistas cujo governo, por estar estabelecido na cidade de Vichy e não em Paris, então sob ocupação, ficou conhecido como "França de Vichy". Nestes tribunais eram julgados os opositores do regime, como membros da resistência, anarquistas, judeus, etc.

[38] N. do t.: A Guerra de Independência Argelina, também conhecida como Revolução da Argélia ou simplesmente Guerra da Argélia ocorrida de 1954 a 1962. Foi somente após o fim deste conflito que a Argélia deixou de ser, ao menos oficialmente, uma colônia francesa e tornou-se uma nação independente. O grupo surrealista de Paris desempenhou um importantíssimo papel na resolução do conflito com a organização daquele que ficou conhecido como *Manifesto dos 121*. Esta "Declaração

esta ilustre tradição? Como interpretar a extraordinária "clemência" do tribunal — chegou-se ao ponto de limpar a ficha do policial Garcia, de modo a não prejudicar sua carreira! — senão como um sinal verde para o futuro: os policiais poderão espancar e matar à vontade os manifestantes ("os inevitáveis equívocos") sem temer nada além de penas "simbólicas".

Totalmente outra foi a atitude do tribunal de primeira instância dos Alpes-Marítimos ao ser confrontado com Véronique Akobé, empregada doméstica de origem africana, acusada de ter matado o filho de seu patrão. As razões invocadas por essa mulher para explicar seu gesto de revolta — os estupros múltiplos sofridos alguns dias antes — foram ignoradas pelo tribunal, que condenou Véronique Akobé a vinte anos de reclusão criminal, sendo dois terços da pena sem direito a atenuação. A "clemência" da justiça, que parece inesgotável para os policiais assassinos, deixa de existir a partir do momento em que trata de uma simples doméstica (negra, aliás).

Somos uns poucos os que achamos insuportável este tipo de justiça de classe, gênero e raça. Vemos como ela se apresentou diante de um delegado ou de uma empregada doméstica africana (ou quando a vítima é o filho de uma família proprietária de uma mansão em Cannes ou um estudante magrebino).

Nós nos recusamos a inclinar-nos diante da pretensa "autoridade da coisa julgada".

do direito à insubmissão na guerra da Algéria", foi redigida por Jean Schuster, Dionys Mascolo e Maurice Blanchot, com sugestões de André Breton e Gérard Legrand, assinada por 121 intelectuais franceses e publicada no periódico *Vérité-Liberté* [*Verdade-Liberdade*] em 6 de setembro de 1960, causando grande impacto tanto na França como mundo afora.

Movimento Surrealista de Paris: Arnaud Alles, Nicolas Auray, Anny Bonnin, Vincent Bounoure, Laurent Chalard, Alice Douard, Aurélien Dauguet, Pascal Goblot, Gabriel John, Michel Lequenne, Michael Löwy, Frédéric Müller, Alexandre Pierrepont, Eleni Varikas, Jacques Zimmerbaum.

***Cadernos do feminismo* [*Les cahiers du féminisme*]:** Claire Bataille, Anne-Marie Granger, Catherine Rosehill, Josette Trat.

Associação de mulheres costa-marfinenses na França.

Comitê de apoio a Véronique Akobé (Paris): G. Amlakmaile, B.-H. Bloais, Josiane Ceret, Maryse Eyoun, F. Kaba, Marcelle Duraga, Catherine Quentier, Maya Surduts, Christine Zekou, A. Zevert.

União dos anarquistas: Jean-Pierre Jacquinot, Maurice Laisant.

Federação anarquista: Maurice Joyeux, Jean Stas.

David Assouline, Etienne Balibar, Daniel Bensaïd, Denis Berger, Odette Bernas, Odette Brun, Alice Bseneri, Jean-Paul Besset, Alain Bobbio, Pierre Cours-Salies, Françoise Delfosse, Dominique Fougeyrollas, Monique Gadant, Maurice Goldring, Bruno Groppo, Mohamed Harbi, Alain Krivine, Georges Labica, Bernard Langlois, Andrée Michel, Nadia Monteggia, Gilles Perrault, François Poirier, Catherine Quiminal, Chantal Rogerat, Claude Safir, Ginette Skandrani, Martine Spensky, Patrick Tort, Jean-Paul Vilar.

Foi na primavera de 1990 que o grupo surrealista de Paris passou por uma retomada de suas atividades tanto internas quanto públicas, graças à chegada de diversos jovens universitários e mesmo secundaristas, como por exemplo Alexandre Pierrepont, os quais tomaram parte neste novo entusiasmo coletivo.

Sua fúria contra o insustentável estado de coisas é então ardente. Um exemplo deste estado de coisas é dado nestas duas recentes decisões judiciais, de uma arbitrariedade revoltante. É neste contexto que é realizada a denúncia, cuja assinatura coletiva foi proposta a diversos indivíduos ativos nos meios da extrema-esquerda, do trotskismo e do anarquismo. Até onde se tem notícia, este texto foi publicado no Le Libertaire, *órgão mensal da* União dos anarquistas, *em junho de 1990.*

À MEMÓRIA DOS FUTUROS CADÁVERES

Nós, os Árabes da rua, ou Franceses de mesmo nome, Bengalis e Filipinos de Kuwait-City, Egípcios, Iraquianos ou Coreanos de Bagdá, Palestinos espoliados e em seguida oprimidos, produtores e consumidores de petróleo e do resto, acionistas de cargas de armamentos servindo aos nossos ministros da fazenda, trabalhadores forçados, desempregados da alegria e escravos das pretensas máquinas anônimas,

Constatamos que as fronteiras e nacionalidades não contém nem protegem os bens do mundo e que elas regulam sua circulação somente assegurando o caráter estanque dos níveis de vida, dividindo-nos em hierarquias de ladrões.

Nós lembramos aqueles dentre nós que procuram ao mesmo tempo sua identidade e a de sua comunidade, esperando reivindicar-lhe uma autonomia ilusória, que a maioria de nós é vítima de nada mais que enquadramentos transformados pelo tempo e impostos por algum império retomado.

Agora que um sistema econômico único está atualmente em vias de prevalecer sobre o gênio de todo um povo e sobre suas verdadeiras capacidades enquanto indivíduos, abarcando todo o globo, impondo os modos de vida que sua tecnicidade implica, substituindo lentamente tanto os poderes representativos quanto os autoritários, o direito denominado internacional pode servir de caução moral àqueles que não sabem mais o que dirigem.

Nosso bem e nossa segurança poderiam garantir-se somente na base da nossa condição mais predominante,

Somente ela merece o título de "universal" frente ao sistema econômico sedento por um triunfo cego e dotado de um apetite sinistro,

A guerra está aí.

Seu prólogo teatral instaura o medo, fonte de sua lógica e hipnose necessária para a liberdade de sua ação mortífera, que se pretende dominar nos bastidores, depois de quarenta anos de guerra fria e do sucesso recente das práticas econômicas do império adversário há pouco convertido,

A elipse é feita das esperanças dupla e triplamente traídas de mais uma revolução e da miséria de espírito daí resultante,

Na falta de qualquer esperança afirmada e de uma alternativa clara ao alcance das mãos, característica dos últimos decênios, esta miséria é contagiosa,

Não foi preciso mais de um mês para a grande imprensa francesa, por exemplo, deixar passar a conta-gotas alguns poucos elementos da informação necessária para o esclarecimento da situação a partir de suas causas reais e para um início de compreensão do "outro mundo"?

Mas nós estamos no teatro e acabamos comentando somente os atores, seus comentários e seus apartes, acostumados que estamos a uma cultura que cultiva e assimila somente ilusão,

Na urgência e no jogo das última prospecções, a mais bela das ilusões que os governantes americanos meio desestabilizados puderam oferecer foi capaz de entorpecer de lirismo senil o espírito do mais poderoso golfista internacional[39], inspirando-lhe esta nova ordem que ele tirou de si mesmo, pacificado e vivificado, enfim pronto para cumprir todas suas promessas... "desde que se acabe com o mal",

---

[39] N. do t.: Referência a George W. Bush, um entusiasta do golf.

Será que passou pela cabeça deste esportista, ou de um de seus assistentes, debruçar-se sobre e dirigir-se a este recém--nascido satã com o mínimo de decência que deveria inspirar-lhe o estado geral de terror mundial? Recém-nascido satã que de todos é o menor e que, quer queira quer não, simboliza muito momentânea e ilusoriamente a humilhação sofrida por uma grande civilização, a humilhação que há quase um século é infligida pelo Ocidente.

Se este ditador há tanto tempo querido por seus mais novos inimigos graças ao seu terror[40], seus massacres e suas guerras, não tivesse feito civis ocidentais de reféns, os civis árabes já teriam, mais uma vez, sido esmagados em massa, sob os tapetes de bombas, nucleares se necessário, satisfazendo assim o realismo dos financistas: sua obsessão em controlar o petróleo,

Através de seus apoiadores políticos eles sonham oferecer aos povos do terceiro mundo uma severa repressão preventiva para cortar qualquer ebulição possível. Povos sobre os quais já desce o mais grosso chumbo das misérias da crise econômica e que alimenta exclusivamente seus campos de batalha.

Quando toda ideologia, desviada ou não, passa por suspeita ou é rebaixada ao nível de uma variação sobre o tema desmentido do progresso, na qual somente o que pode ser constatado é a ausência de toda e qualquer ação orquestrada da parte dos intelectuais; quando os espiritualismos, no seu recrudescimento atual, repetem aqui a mesma ladainha de seu eterno *laissez-faire*[41], mantendo a divisão interior disso

[40] N. do t.: Referência a Saddam Hussein, aliado dos EUA antes da Guerra do Golfo.

[41] N. do t.: Expressão símbolo do liberalismo econômico, oriunda da máxima fisiocrática "deixe fazer, deixe ir, deixe passar, o mundo segue por si mesmo" ["laissez faire, laissez aller, laissez passer, le monde va

que se apresenta como a imagem de Deus, e acolá se mobilizam e se enfrentam através de nossas carnes para sua mútua negação; quando todas as revoltas violentas e organizadas se degeneram em guerras particulares, não é mais possível acreditar na possibilidade de uma revolução iminente e continuar sustentando a ficção.

O primeiro dever do homem é ficar de pé, proclama o jovem Hegel[42]. Em que postura estão aqueles que hoje dispõem de informação, de meios sensíveis, intelectuais e morais e se omitem contra a estupidez, a loucura e as ameaças da guerra imperialista?

Quantos intelectuais, antes prontos a delimitar os acontecimentos, concordam ou por ora ficam em silêncio, renunciando em favor do cálculo e da "habilidade" política?

Qual o valor de nossos sistemas de pensamento frente a estas constelações de feridas abertas espalhadas pelo planeta? De que sentimentos dotamos nossos sistemas?

O que fazemos com nosso medo, nosso amor, nossa coragem e nossa covardia?

Nós que fomos Mexicanos, Alemães, Franceses, Chilenos, Belgas, Egípcios, Tchecos, Espanhóis, bem possível que

de lui-même"], sintetizada pelo economista Vincent de Gournay (1712 - 1759), principalmente a partir de declarações de Pierre Le Pesant de Boisguilbert (1646 - 1714) e René Louis de Voyer de Paulmy d'Argenson (1694 - 1757).

[42] N. do t.: Ao que tudo indica, a referência diz respeito aos *Cursos de Estética v.III* (EdUSP, 2002; p. 137), de G. W. F. Hegel: "Este estar de pé é um querer, pois se paramos de desejar estar de pé, o nosso corpo se inclina e cai no chão. Desse modo, a posição ereta já possui expressão espiritual, na medida em que o erguer-se a si mesmo do chão está em relação com a vontade e, por isso, com o espiritual e o interior; assim como se diz de um homem livre e autônomo em si mesmo, que não torna os seus modos de pensar, os seus pontos de vista, os seus propósitos e fins dependentes de outrem, que ele está sobre os seus próprios pés".

Judeus-negros, Armênios, Gregos, Ingleses, Romenos, Japoneses... convocamos em nome de tudo que se revolta, manifestamente ou no confuso íntimo secreto dos seres, a fim de que se revele diante dos olhos de todos a mentira organizada que perpetua de século em século a apropriação e a confiscação de tudo que o homem foi capaz de oferecer-se.

Nós, que hoje podemos falar a partir de Praga, Buenos Aires, Chicago, Estocolmo e Paris, e que continuamos afirmando que o interior e o exterior são uma coisa só, que o mundo somos nós, que o "Eu" é o mundo e que trabalhamos em favor de sua mais completa e transparente comunicação, nós convocamos tudo que pode expandir uma consciência clara do perigo real que pesa sobre nossas vidas, tanto no que ele tem de permanente como no que ele tem e terá de atual.

Nós convocamos todos que, além do pessimismo e do otimismo, participam de um movimento de recusa e trazem consigo uma esperança latente. Nós nos dirigimos à todos aqueles que, sem um nome próprio reconhecido, mas agarrados a suas realidades, sabem-se dispersos, deliberadamente isolados pelo horror da experiência vivida ou ainda trabalhando com profundidade, porém em campos de investigação fragmentados, para que se criem todas as redes de comunicação extensivas possíveis – sem as quais qualquer visão geral seria acessível somente a pouquíssimas consciências – e que assim se possibilite a tomada de consciência, especialmente das que se dedicam a se fecharem em si mesmas.

Nós convocamos à criação e à organização de um olhar nu, necessário à proteção e à inteligência do vivente no presente.

Constatar ao mesmo tempo o movimento dos fatos e do pensamento confere aos primeiros seu pleno valor referencial, concorrendo para trazer à luz o significado daquilo que, no atual estado de coisas, apresenta-se somente até certo ponto, isto é, parcialmente, como por exemplo as vítimas cuja sorte e as mazelas consumadas ou potenciais — desde a tortura à fome, da captura de reféns aos embargos de alimentos e medicamentos — só são opostas no espírito da internacional de agressores, carrascos e torturadores.

Nós convocamos a constituição de uma universal da evidência[43], que permita a cada revolta, a cada recusa, a cada sentimento de escândalo permanente que deprecia o magnífico animal social que poderíamos ser e a cada impulso vital situar-se nesta época frente à inconsciência e à antiga teatralidade da logística fatal que é a referência comum de todos nossos atores nacionais. Isso para levar até o coração do homem tudo aquilo que é exigido para uma completa refundação do mundo.

A ação surgirá por si mesma a partir de um olhar sustentável e de uma consciência da vida tomada em conjunto, antes que o único empecilho para o acaso escolher suas catástrofes no horizonte seja o constrangimento da escolha.

Outubro 1990

Grupo de Paris do Movimento Surrealista: Nicolas Auray, Luc Barbaro, Anny Bonnin, Vincent Bounoure, Aurélien Dauguet, Emmanuel Fenet, Pascal Goblot, Michel Lequenne, Michaël Löwy, Thomas Mordant, Frédéric Müller, Alexandre Pierrepont, Danielle e Marc Thivolet, Rémi Valentine, Marie

[43] N. do t.: Convocação de uma "universal", no sentido de algo ainda mais amplo que uma "internacional", como por exemplo a Internacional Situacionista ou a Internacional Comunista.

Vallet, Florence Vasseur, Benoît Vitse, Michel Zimbacca, e seus amigos: Robert Lagarde e Jean Terrossian.

Em outubro de 1990, durante os preparativos da primeira guerra do Golfo, da qual a França participaria na coalizão internacional liderada pelos Estados-Unidos, esta longa declaração foi posta em circulação, sendo a primeira a ser assinada sob o nome coletivo de "grupo de Paris do Movimento Surrealista". Neste mesmo outono, o grupo surrealista tchecoslovaco finalmente teve a oportunidade de realizar uma exposição em Paris. O evento não ocorreu numa galeria dos bairros chiques — onde o surrealismo já não estava mais nem um pouco na moda há um bom tempo (com o que podemos inclusive alegrar-nos!), mas numa galeria comunitária em Montmartre, onde nossos amigos Guy Flandre e Peter Wood, sob a égide de sua associação Hourglass, por várias vezes naqueles anos se mostraram muito hospitaleiros com os surrealistas de Paris e do exterior. A visita dos surrealistas de Praga se inscrevia assim na então retomada dinâmica do grupo parisiense, que multiplicava seus encontros com os recém-chegados. Esta declaração, amplamente difundida, foi publicada na revista Outro Jornal *[*L'autre Journal*], posteriormente descontinuada.*

A partir deste mundo objetivado pelo uso metodicamente quantificado da ilusão mercante e infectado pelo tétano na mola única da competição internacional;

A partir deste mundo deliberadamente fragmentado e utilizado em suas antigas divisões até chegar a loucura, a guerra cristaliza uma totalidade dualista.

Os tempos de maniqueísmo são convocados para otimizar o gerenciamento do tempo do Capital.

A guerra se projeta como transcendência sobre tudo aquilo que não é capaz de dominar sua própria lógica em tempos de paz, subjugando todas suas razões para agir em paz.

A inflação das metáforas técnicas e cirúrgicas, toma o efeito pela causa, e o corpo da linguagem então não se limita ao que vale enquanto carne de canhão, marcha ou morte e atos e ações cotadas na bolsa.

A extrema sofisticação da técnica não mascara por muito tempo os ares inomináveis deste fenômeno "sobrenatural" ligado à guerra para transfigurar as misérias da morte.

Se o homem conquistou a natureza nomeando-a, atualmente ele se utiliza dela como de uma arma para afirmar o que sua própria natureza tem de inqualificável. Assim, dedica-se à urgência de nomear-se e de reconhecer seu campo: islã, ONU, cristianismo, direito internacional, judaísmo, terras santas, pátrias, Propriedade...

Mas o "direito das populações de disporem de si mesmas" impõe condições. Será que inscrever-se e existir nos enquadramento das segregações fronteiriças oferecerá aos sobreviventes outros recursos que aqueles de sua alienação pela economia dominante, outra dignidade que a censura de seus sofrimentos e outras perspectivas que as de uma bomba explodindo no coração de seu senso moral?

O uso psicológico desprezível que é feito da quantificação dos mortos, assim como o júbilo secreto fornecido por tal desproporção, que funda o "civilizado" e condena o "bárbaro", são apenas o prelúdio às avaliações que os promotores e beneficiários do estado das coisas e dos lugares já começaram a fazer, para concluírem assim que estão todos ao seu dispôr, não deixando nenhuma dúvida quanto ao desenvolvimento de sua apropriação.

Para frear a máquina social e o maquinista engajado na destruição daquilo que retarda seu progresso e que não quer saber de guerra ou paz;

Para acabar com o jogo de cabeças sem corpos que funciona somente com o corpo alheio;

Como afirmar aquilo que eles negam?

Uma ideia do homem que dá a cada qual a posse de sua cabeça e de sua verticalidade por inteiro.

Uma ideia do ser que abre a porta para todas as faculdades e para o livre jogo entre elas.

Como cessar de deixar-se levar pelo medo, pela concentração e pela exploração deste medo?

Já chega de todos estes refúgios da boa consciência e dos provincianos conflitos bairristas.

Já chega de delegar o desejo às estruturas verticais sujeitas a todas as vertigens dos números.

Para que isso seja dito e executado nas rua, amanhã, de Norte à Sul e de Leste à Oeste, é preciso, através de um afastamento absoluto[44], inventar estruturas as mais horizontais possíveis, tão originais e diversas quanto se bem entender, mas antes de mais nada, aptas a tecer entre si as ligações que, esgotadas pelos séculos, jazem no chão disso tudo que ainda se pretende civilização e é suscetível de arruinar-se, como os vulgares muros de Berlim e todas as fronteiras físicas, mentais e morais.

Para que haja paz verdadeira, além da ideia de equilíbrio de forças entre os Estados, sempre ameaçadora à vida dos povos, vítimas da injustiça nacional e internacional, é preciso que se acabe com o velho mundo e que a atual "paz social" que fortifica a guerra, suceda, como uma insurreição, o prelúdio à Utopia.

Ao afirmar-se assim nosso desejo de esclarecer a enigmática necessidade histórica, também uma luz toma corpo nos dias de hoje, a partir da convocação à sabotagem, à deserção, à revolta...

"Que estupidez, a guerra". O que é dito pelo poeta deseja iniciar-se na ação. "Lembre-se, Barbara": "A poesia não mais ditará o ritmo da ação, ela estará avante"[45]...

A convocação à "constituição de uma universal da evidência"[46] neste último outubro se deu também com o objetivo de conferirmos às palavras e à sua magia todo poder que re-

---

[44] N. do t.: Vide nota 17.

[45] N. do t.: As duas primeiras citações deste parágrafo são retiradas do poema "Rappelle-toi Barbara" ("Lembre-se, Bárbara") de Jacques Prévert (1900-1977). A segunda vem de uma carta Arthur Rimbaud a Paul Demeny, cujo par formado com uma carta endereçada a Georges Izambard é conhecido como *Lettres du voyant* (*Cartas do vidente*), que dialoga diretamente com à *Lettre à la voyante* (*Carta à vidente*), de Antonin Artaud, publicada em 2021 no Brasil pela editora 100/cabeças (edição acompanhada pelo texto "A Carta do Vidente e Vidências das Cartas de Amor"., de Sergio Lima, e desenhos de António Gonçalves).

[46] N. do t.: Vide nota 43.

side exclusivamente em suas próprias raízes, e através das quais elas extraem de toda a terra seus gestos e atos, também em busca da lucidez que conjuga desejo e vontade. Lucidez como prisma de um pensamento se esforçando para comunicar todo real onde estamos e que nomeamos surrealidade somente em desafio a todos os realismos.

Assim, frente a esta guerra ficamos sendo aqueles que desprezam todos os militares e todos os que assinaram as condições de uma paz que não passará de mais um instante na história de uma civilização infame.

Na pior das hipóteses, nos perguntamos o que restará da liberdade e de sua fração de acaso, uma vez esgotada pela série de catástrofes na qual se deprime o horizonte e onde são sugeridas novas miragens?

23 de fevereiro de 1991

Grupo de Paris do Movimento Surrealista: Luc Barbaro, Anny Bonnin, Laurent Bergstrasser, Thérèse Boujon, Vincent Bounoure, Aurélien Dauguet, Alice Douart, Emmanuel Fenet, Guy Girard, Pascal Goblot, Jean-Pierre Guillon, Michel Lequenne, Michael Löwy, Marie-Dominique Massoni, Thomas Mordant, Fabrice Pascaud, Alexandre Pierrepont, Roger Renaud, Ody Saban, Bertrand Schmitt, Danielle et Marc Thivolet, Daniel Vassaux, Florence Vasseur, Benoît Vitse, Michel Zimbacca.

Em fevereiro de 1991, com o fim da guerra do Golfo, que por certo não daria em nada, o Grupo de Paris do Movimento Surrealista, ao qual se juntaram novos membros, enquanto outros, cuja presença foi mais que efêmera, desapareceram por conta própria, estima necessário atiçar à sua volta alguns questionamentos sobre o que acaba de acontecer lá longe sob as bombas e aqui nos arredores em meio à névoa da propaganda e das mentiras dominantes. Este texto foi publicado em tradução para o holandês no segundo número da revista Droomschaar[47]*, editada em Amsterdam por um coletivo de inspiração anarco--surrealista animado por Tony Pusey e Rik Lina.*

[47] N. do t.: Em Holandês "tesoura do sonho" ou ainda "grupo de pessoas sonhando juntas".

RESPOSTA À UMA ENQUETE

Domesticadores, literatos, estetas e reacionários de todas as espécies dedicam-se a demonstrar que o surrealismo foi ultrapassado, assimilado, incorporado, etc. Seja para declará-lo definitivamente morto ou para afirmar, com um ar estupidamente complacente, que "nós somos todos, de uma maneira ou de outra, surrealistas"[48], tudo que fazem com isso é contribuir para o sufocamento daquilo que, por sua própria natureza, recusa-se de modo absoluto a ser domesticado. Trata-se de um reducionismo vão, pois não atinge — e não poderia ser diferente — o fogo central do surrealismo[49]. Contudo, é um reducionismo desonesto pois, de maneira deliberada e consciente, pretende conduzir a portas falsas aqueles que poderiam desejar *mergulhar nesse fogo vivo*.

Nestas condições, a *orientação* de nosso grupo foi decididamente à contracorrente: o surrealismo não é uma peça de museu, um tema de tese, uma escola literária do entre-guerras, um estilo de pintura ou um conjunto de receitas estéticas ou lúdicas, mas sim um princípio permanente de recusa e de negatividade[50], alimentado pelas fontes mágicas do desejo, da re-

[48] N. do t.: No Brasil um dos grandes propagadores desta apreciação falaciosa foi Manuel Bandeira, como aponta Sergio Lima no artigo *Alguns dados sobre a construção interessada de uma ausência: a do surrealismo no Brasil ou... "a cada um o seu desejo"* (*Organon*/UFRGS, 8, n. 22, 1994).

[49] N. do t.: *Fogo central* [*Feu central*] é o título de uma coletânea de poemas de Benjamin Péret, ilustrada por Yves Tanguy e publicada por K Editeur na coleção Le Quadrangle em 1947.

[50] N. do t.: Vide nota 12. Além disso, Byung-Chul Han tem proposto reflexões interessantes sobre o conceito de negatividade. Cf. *Sociedade da transparência* (Vozes, 2012).

volta e da poesia. Frente à civilização da mercadoria e da morte, como o Mefistófeles de Goethe — *der Geist, der stets verneint*[51] —, o surrealismo encarna a vontade que opõe as forças explosivas do *imaginário* à sinistra realidade da ordem estabelecida e da realidade instrumental. Nem Deus, nem Mestre[52]: essa velha divisa revolucionária nos parece mais atual do que nunca. Ela está inscrita a ferro e fogo nas portas que levam para além da civilização industrial, em direção à ação surrealista, cujo objetivo é o reencantamento (e a re-erotização) do mundo[53].

Para esta ação temos pela frente sobretudo o imenso domínio do não-formulado. Aquilo que é feito para ser perdido é poético na medida em que não deixará rastros. Os sonhos que, por mais que determinem nosso humor, negligenciamos anotar e interpretar ao preferirmos obedecer ao despertador, instrumento de preguiças profundas. As palavras, que antes de serem pronunciadas expiram nos lábios dos amantes. Os picos da emoção ou os dramas, sobre quais renunciamos em

---

[51] N. do t.: Resposta de Mefistófeles à pergunta de Fausto "O que insinua esta palavra enigmática?" ["Was ist mit diesem Rätselwort gemeint?"]. António Feliciano Castilho (1800 - 1875) apresenta a seguinte tradução para o diálogo em questão: "*Fausto:* Não te percebo o enigma.// *Mefistófeles:* Sou o espírito/ que estorva sempre". Como alternativa, partindo da tradição tradutória psicanalítica do termo *Verneinung*, sugerimos a seguinte tradução: "*Fausto:* O que se insinua neste trocadilho enigmático?// *Mefistófeles:* Eu sou o espírito que permanece denegado!".

[52] N. do t.: "Ni Dieu ni maître", famosa divisa anarquista francesa usada pioneiramente na imprensa por Auguste Blanqui (1805 - 1881) como título de um jornal publicado em 1880 e, de acordo com o pesquisador Maurice Dommanget (1888 - 1976), inspirada por uma publicação de 1870 assinada pelo médico francês Étienne Susini (1839 - 1908) intitulada "Plus de Dieus, plus de maître" ("Basta de Deus, basta de mestre").

[53] N. do t.: Ressaltamos a retomada da proposta de "re-erotização do mundo" empreendida pelo já referido filósofo Byung-Chul Han no volume *Agonia de Eros* (Vozes, 2012), do qual citamos a seguinte afirmação paradigmática e urgente: "o Eros vence a depressão".

afirmar a partir de que ebulição fazem nossas artérias pulsarem, pois para isso seria preciso um pincel molhado em nosso próprio sangue, molhado em licores inconfessáveis e talvez em nossas próprias lágrimas. A oposição aparentemente crescente entre a utopia e as realidades concretas, entre o desejo e a possibilidade revolucionária. Nossa impotência, nosso furor extenuante, nosso deslumbre diante do enigma dos seres e das coisas, nosso furor novo e mudo a cada manhã.

Nosso poder de expressão não passa de um instrumento de investigação surrealista, auxiliar essencial em nossas experiências. A elaboração do poema é a aventura na qual nos lançamos em direção a realidades suscetíveis de serem designadas, mas somente *em direção*[54] destas, pois é possível que muitas outras talvez ainda não tenham encontrado um nome, mesmo com nosso trabalho.

Dentre nós, uns se ocupam de civilizações desaparecidas ou distantes. Outros, de coração mais jovem, examinam a história das ideias recentes ou, ainda, certas doutrinas antigas através das quais o espírito abriu seus caminhos na matéria espiritual e metálica. Mas nada é feito externamente à totalidade da ambição primeira do surrealismo[55], e não acreditamos poder nomeá-la. Antropologismo? A expressão não dá conta. A única tarefa do surrealismo é dizer o que ele ainda não enunciou.

Grupo de Paris do Movimento Surrealista: Luc Barbaro, Laurent Bergstrasser, Anny Bonnin, Corinne Bopp, Vincent Bounoure, Omar Bozeman, Aurélien Dauguet, Emmanuel Fenet, Guy Girard, Pascal Goblot, Nicolas e Stéphane Leroi,

[54] N. do t.: Grifo nosso.

[55] N. do t.: Isto é, na aurora do movimento e coincidente com a do espírito hegeliano.

Michel Lequenne, Michael Löwy, Thomas Mordant, Frédéric Müller, Alexandre Pierrepont, Ody Saban, Eleni Varikas, Florence Vasseur, Benoît Vitse, Michel Zimbacca.

Em novembro de 1988 o grupo surrealista de Estocolmo, constituído em 1985, propôs uma enquete aos grupos de Paris, Praga, Chicago, Madri e Buenos Aires. Com esta enquete se visava estabelecer a respectiva situação e os respectivos projetos de cada grupo. Eis aqui as questões colocadas: 1- Descreva a situação atual de seu grupo, seus membros, suas principais orientações e complete a resposta com um breve comentário sobre suas atividades ao longo dos últimos cinco anos. *2-* Qual é, segundo vocês, a tarefa atual do surrealismo? *3-* Como a crise atual do movimento surrealista internacional pode ser resolvida e quais proposições vocês possuem no que diz respeito a projetos internacionais, como por exemplo a organização de um *Boletim Internacional*?

*Nos meses seguintes à sua recepção, o Grupo de Paris do Movimento Surrealista elaborou uma longa resposta à enquete; no entanto, se por um lado o texto foi abreviado por razões técnicas, ele passou a contar com um número mais significativo de assinaturas do que em sua primeira versão, publicada no primeiro número do Boletim Surrealista Internacional [*International Surrealist Bulletin*] em junho de 1991. Sua edição foi combinada no outono precedente durante a realização da exposição dos surrealistas checos em Paris, em meio aos quais se encontravam também seus anfitriões parisienses e alguns camaradas suecos que vieram especialmente para esta ocasião. Aliás foram estes últimos que, ao voltarem para Estocolmo, encarregaram-se de editar e difundir esta nova publicação, traduzindo a retomada dos intercâmbios internacionais entre Paris, Praga e Bratislava, Madri, Chicago, Buenos Aires e São Paulo.*

“ENQUANTO OS VIAJANTES ALCANÇAREM SUBSTITUIR OS VIDENTES”

> *Enquanto uns explorarem os outros, sequer gozando consideravelmente com isso — o dinheiro entre eles é um tirano comum — o dinheiro entre eles é uma cobra que morde o rabo e um pavio de bomba (...); enquanto os* viajantes[56] *alcançarem substituir os videntes, no decurso da noite negra...*
>
> *André Breton,* Prolegômenos a um terceiro manifesto do surrealismo ou não (1942)[57].

A descoberta/invasão/conquista das Américas se inscreve na lógica do processo histórico expansionista da civilização dita “ocidental” — que começa em 1492 com a chegada de Cristóvão Colombo e prossegue durante séculos com a opressão, exploração, perseguição e destruição dos povos e culturas indígenas — assim como da imensa natureza selvagem onde viviam esses povos e culturas.

---

[56] N. do t.: Esta citação se baseia na edição do texto publicado pela editora Gallimard na coleção Idées (NRF, 1972), a qual apresenta uma gralha que faz com que a palavra “voyeurs” se torne “voyageurs”. Consultando o manuscrito de Breton, assim como a edição inglesa do texto e a de Jean-Jacques Pauvert (1962), notamos o termo empregado por Breton é de fato “voyeurs” (associado à prática do voyeurismo) e não “voyageurs”, que aqui traduzimos por “viajantes”.

[57] N. do t.: A tradução que empreendemos é inédita. Evitamos expressamente a utilização da tradução empreendida por Sérgio Paxá e publicada no volume *Manifestos do surrealismo* (Nau, 2001).

O passado continua presente na memória das classes e etnias: a tradição dos vencedores e a tradição dos vencidos necessariamente se afrontam. Enquanto surrealistas e inimigos desta "civilização", não somos neutros, tampouco indiferentes.

Hoje assistimos a pomposas celebrações oficiais, verdadeiros rituais de consagração que procuram legitimar, não somente toda uma ação passada, mas também sua continuidade atual, manifesta na "nova ordem mundial" da invasão capitalista em escala mundial. Diante disso se desenvolve um movimento multiforme de contestação, o qual se propõe a reinterpretar a história destes últimos cinco séculos do ponto de vista das vítimas (e de sua resistências), ou seja dos indígenas, negros, *peones*[58] e seus descendentes atuais; um movimento que celebra a memória de figuras como Cuauhtémoc e Tupac Amaru, Geronimo e Sitting Bull, Zumbi dos Palmares e Toussaint Louverture — sem esquecer de Gonzalo Guerrero, o espanhol que se aliou aos maias e ao seu lado pegou em armas contra os conquistadores ibéricos de Yucatán; movimento que, retomando a bela expressão de Walter Benjamin, se propõe a "escovar a história a contrapelo".

Entretanto, durante séculos a história "oficial" da invasão e da conquista — a história dos vencedores do século XVI e de seus herdeiros — não foi somente dominante, mas também praticamente a única na cena política e cultural.

Escutemos por um momento o "arrazoado" de um ideólogo "liberal" do século XIX, o argentino Domingo F. Sarmiento:

[58] N. do t.: Trabalhador em regime teoricamente assalariado que na américa hispânica colonial se sucedeu ao sistema de trabalho de "encomienda", uma forma de servidão imposta aos indígenas. Na prática, a "peonaje" acabava aproximando-se do sistema de trabalho feudal e escravo.

> é preciso que sejamos justos com os espanhóis: exterminando o povo selvagem de cujo território viriam a ocupar, eles fizeram simplesmente aquilo que todos os povos civilizados fazem com os selvagens. (...) As raças fortes exterminam as fracas e os povos civilizados tomam posse da terra dos selvagens. Isso é providencial e útil, sublime e grandioso[59].

O projeto "grandioso" que é reclamado pelo liberal Sarmiento — e por muitos outros liberais latino-americanos, europeus e norteamericanos — é o mesmo no qual nos encontramos embarcados hoje: a racionalidade "ocidental". A conquista iniciada no século XV prossegue hoje em dia na guerra do Golfo, na corrida dos capitalistas em direção ao leste, no imperialismo cultural da onipotência estereotipada das mídias, na submissão do terceiro-mundo aos bancos multinacionais, na destruição das florestas e na multiplicação dos catastróficos abusos ecológicos.

Portanto, esta racionalidade limitada e instrumental precisava não somente dominar política, econômica e militarmente as culturas ameríndias (primeiro na América do Sul e em seguida no norte do continente), mas também tinha de fazê-las desaparecer e apagá-las da superfície terrestre, como simples possibilidades do ser. O extermínio dos índios — assim como a destruição da flora e da fauna que constituíam seu meio natural — foi induzido pela implacável extensão da "civilização do progresso" — com a cumplicidade ativa das igrejas (católica e protestante), as quais forneceram a justificativa moral e ideológica da conquista deste "Novo Mundo" (supostamente não redimido da sujeira do "pecado original") e que contribuem

---

59 N. do t.: Sarmiento, Domingos Faustino. *Conflicto y armonías de las razas en América*. Buenos Aires: La cultura Argentina, 1915.

para a destruição das molas propulsoras do imaginário e da vida espiritual das sociedades indígenas.

Em muitos países da América latina havia no século XIX uma expressão que em somente duas palavras suscitava simultaneamente medo e nojo nas "pessoas de bem": *Tierra adentro*, **Terra adentro**. Assim era designado o território desconhecido e imenso no qual, para além de uma fronteira sempre imprecisa, os indígenas transitavam livremente. Este território era inaceitável para a oligarquia local, associada aos interesses do capitalismo inglês em expansão. Não somente em consequência do limite físico que ele opunha às suas ambições, mas porque este espaço "deserto" — não-colonizado — constituía uma espécie de "fundo falso" — tanto geográfico quanto mental — onde podiam refugiar-se os perseguidos, os não-conformistas e os foras-da-lei.

"Uma fogueira perpetuamente iluminada: a história. Mas com o homem tribal… num último grito antes do silêncio ardem o possível e uma outra vida" (Roger Renaud, "Aquele cuja voz ninguém escuta", *A civilização surrealista*, p. 235).

E como não ver que também nós estamos ardendo aqui? Ardendo a partir do momento em que cada um de nós é um ser em si — e não uma simples peça da maquinaria —, ou seja, enquanto ser sensível e desejante, capaz de sonhar, de amar e de desobedecer.

Pois a **Terra adentro** era, e ainda hoje é, este imenso território interior desconhecido no qual vivemos livremente, esta zona profunda de onde nos vêm à memória de uma outra vida vivida (ou que pode ser vivida) em harmonia amorosa com a natureza, o maravilhamento de um galope interminável e de onde com a ensurdecedora selvageria inconsciente podem erguer-se os ávidos cavalos do desejo para incitar--nos à rebelião.

O racionalismo ocidental tem necessidade de colonizar esta zona interior — e pior ainda, de negá-la —, pelas mesmas razões e com os mesmos métodos de exterminação que lhe permitiram lançar-se à conquista das Américas e fazer desaparecer diferentes culturas. Como na imensidão do "Novo Continente", nada que não seja capaz de adaptar-se à mecânica homogeneizante deve acontecer no interior do ser humano:

> sob cores de civilização, sob pretexto de progresso, alcançou--se banir do espírito tudo que pode ser taxado, com ou sem razão, de superstição e quimera (André Breton, *Manifesto do surrealismo*).

Fecha-se assim a suntuosa porta que leva à esta terra interior, aos nossos imensos oceanos psíquicos. Não seria um certo medo — às vezes até mesmo um pânico — que impele ao controle, à conquista e ao massacre dos povos que, precisamente, tinham-lhes em alta estima, naturalmente conscientes de sua riqueza vital?[60]

No século XX o Surrealismo foi quem tomou maior consciência e inscreveu em letras de fogo a aventura, a descoberta e o ser vidente. Daí sua afinidade eletiva com os povos indígenas, juntos aos quais o pensamento mítico formava o cimento da cultura. Como lembrava André Breton:

[60] N. do t.: Vide, por exemplo, *A inconstância da alma selvagem e outros ensaios de antropologia*, de Eduardo Viveiros de Castro (Ubu editora, 2017): "Guerra mortal aos inimigos e hospitalidade entusiástica aos europeus, vingança canibal e voracidade ideológica exprimiam a mesma propensão e o mesmo desejo: absorver o outro e, neste processo, alterar-se".

> A despeito de certos burocratas, o pensamento mítico no homem em constante devir não deixa de caminhar paralelamente ao pensamento racional. Recusar-lhe qualquer passagem é torná-lo nocivo e levá-lo a irromper no racional, o qual ela desintrega (culto delirante do chefe, messianismo de pacotilha, etc.) (André Breton, *Entrevistas* [*Entretiens*], 1952).

Uma vez esvaziado, o homem ocidental se sente oco quando as cordilheiras do infinito e as planícies ilimitadas do inquietante foram reduzidas ao conhecido pela agronomia e pela geometria, quando o progresso impõe suas vias férreas e suas ruas de mão-única, quando a propriedade esticou seus arames farpados impedindo movimentos livres. Agora, o espírito é intimado a ficar no seu cercado; o pensamento tem de afluir por vias previsíveis e balizadas; o ser humano deve existir somente para a produção.

Mas como o desejo é indomável, existe sempre alguém que se recusa a berrar alegremente. Desta forma a poesia — verdadeira insubmissão total — continua lançando pelos ares os fundamentos desta sociedade necrófaga... E na sua luta contra este totalitarismo sufocante, o Surrealismo é — e sempre foi — companheiro e cúmplice do indígena.

É por uma autêntica paixão e por um amor verdadeiro que unimos nossos rostos ao deles, desejando de suas vozes muito mais que o eco de um passado exaltado. Pois sabemos que apesar da imensa opressão essas vozes indígenas estão obstinadamente vivas. E porque ninguém melhor que o xamã — aquele que fala em sonhos — saberá encontrar a chave da inversão do signo: quando os videntes substituirão os viajantes...

1992

Movimento surrealista na Austrália: Anna Rita Golanski, Claudia Lloyds-West, John Lloyds-West, Catherine Nelson, Antainé Redmond, Michael Vandelaar, Irène Van Den Drieschen, Tim White.

Grupo surrealista de Buenos Aires: Oscar Baldoma, Pablo Baldoma, Carmen Bruna, Luis Conde, Silvia Grenier, Julio Del Mar.

Surrealista na Dinamarca: Frank Antonsen, Malene S. Nielsen.

Movimento surrealista nos Estados-Unidos: Jacqueline André, Lawrence van Barann, Chris Beneke, Les Blank, Jayne Cortez, Rikki Ducornet, Beth Garon, Paul Garon, Robert Green, Jan Hathaway, Daniel del Valle Hernandez, Joseph Jablonski, Philip Lamantia, Gina Litherland, Thomas Magee, Tristan Meinecke, Zil Miller, Hal C. Pattee, Nancy Joyce Peters, Irene Plazewska, Hal Rammel, David Roediger, Franklin Rosemont, Penelope Rosemont, Mark Rosenzweig, Cathy Seltz, Louise Simons, Erin Snow, Martha Sonnenberg, Christopher Starr, Cheikh Tidiane Sylla, Debra Taub, Dale Tomich, Théodore Watts, Alberto Weller, Joël Williams.

Surrealistas na Grã-Bretanha: Krzysztof Fijalkowski, Kathleen Fox, Stuart Inman, John W. Welson, Francis Wright.

Grupo surrealista de Madri: Mariano Auladen, Conchi Benito, Enrique Carlon, Eugenio Castro, Jacinto Minot, José Manuel Rojo.

Grupo de Paris do Movimento Surrealista: Jean-Marc Baholet, Luc Barbaro, Jean-Christophe Belotti, Laurent Bergstrasser, Anny Bonnin, Thierry Bouche, Thérèse Boujon, Vincent Bounoure, Philippe Clérambault, Aurélien Dauguet, Emmanuel Fenet, Guy Girard, Jean-Pierre Guillon, Michel Lequenne, Michaël Löwy, Marie-Dominique Massoni, Thomas

Mordant, Fabrice Pascaud, Alexandre Pierrepont, Ody Saban, Roger Renaud, Bertrand Schmitt, Daniel Vassaux, Florence Vasseur, Michel Zimbacca.

Surrealistas nos Países Baixos: Hendrick Beekman, Rik Lina, Pieter Schermer, Bastiaan Van des Velden, Her de Vries.

Portugal: Mário Cesariny.

Grupo surrealista de Praga: Karol Baron, František Dryje, Jakub Effenberger, Blasek Ingr, David Jařab, Jiri Koubek, Albert Marenčin, Juraj Mojik, Alena Nádvorníková, Ivo Purs, Bruno Solarik, Martin Stejskal, Ludvík Šváb, Eva Švankmajerová, Jan Švankmajer.

Grupo surrealista de São Paulo[61]: Josifa Aharony, Laila Aiach, Sergio Lima, Floriano Martins, Lya Paes de Barros, Elaine Parra, Heloísa Pessoa, Nelson Pessoa de Paula, Nicole Reiss, Juan Sanz Hernandez, Hilton Seawright Araújo e seus amigos Fernanda Amalfi, Luiza Colombo e Claudio Willer.

Grupo surrealista de Estocolmo: Aase Berg, Kajsa Bergh, Johannes Bergmark, Carl-Michaël Edenborg, Bruno Jacobs, H. Christian Werner e seu camarada Mattias Forshage.

1992 foi o ano do quinto centenário da descoberta das Américas por Cristóvão Colombo e, portanto, do início de um dos mais sangrentos etnocídios da história. Em ambos os lados do Atlântico estava prevista uma cascata de comemorações tão oficiais em sua forma quanto abjetas em seu conteúdo espetacular[62]*. Mas estavam previstos também, e para nós mais significativamente, um vasto conjunto de críticas a estes pomposos estardalhaços, conduzidas tanto por povos ameríndios quanto*

[61] N. do t.: Uma versão deste mesmo texto foi publicada pelo Grupo surrealista de São Paulo na plaquete *Escrituras surrealistas* (1993).

[62] N. do t.: Aqui com o sentido do espetáculo da sociedade, apontado pelos situacionistas. Cf. *A sociedade do espetáculo*, (Contraponto, 2007).

por grupos saídos dos meios radicais em luta contra o capitalismo e a civilização que o contém. Os surrealistas tinham de juntar suas vozes a este conjunto. O grupo de Paris propôs que esta declaração, inspirada por um longo texto de nossa amiga Silvia Grenier-Guiard e assinada coletivamente pelos outros grupos então ativos, fosse publicada em um novo número do Boletim Surrealista Internacional [International Surrealist Bulletin], que seguia sendo realizado em Estocolmo. Esta declaração também foi publicada no Le monde libertaire, *o semanário da Federação Anarquista.*

TORNADO PÚBLICO

Em estado de choque, tomamos conhecimento da súplica endereçada pela troika Schuster-Pierre-Silbermann ao presidente da república[63], com o objetivo de implorar pela disposição de um "enquadramento institucional" para o depósito dos arquivos surrealistas ameaçados de dispersão. Solicitou-se a um certo número de personalidades escolhidas a dedo a partir de sua notoriedade que se deixassem recrutar por esse apelo. Notamos de passagem como os três compadres se tornaram mestres na arte (pois a apropriação tem uma forma precisa) de negar a quem quer que seja o direito de atualmente falar em nome do surrealismo, de modo a melhor se arrogarem o direito de parasita-lo e diluí-lo. Para retomar sua brilhante fórmula, *o surrealismo é* tudo, exceto esta erudita enumeração de conceitos pré-cozidos e pré-digeridos; tudo exceto este lastimável procedimento.

Mas o que fica mal dissimulado nesta carta é o sórdido "toma lá, dá cá" subjacente ao seu conteúdo. Não contentes em ter tentado operar uma inversão de perspectiva ao fazer o surrealismo passar do estado de sujeito ativo na história ao seu oposto, ou seja, de objeto de estudo de historiadores da arte e das ideias, nossos três impostores (que bem sabem sempre servir-se primeiro) certamente contam com a nacionalização de seu empreendimento falido — ACTUAL[64]

[63] N. do t.: Jean Schuster (1929 - 1995), José Pierre (1927 - 1929), Jean-Claude Silbermann (1935), alguns dos membros da ala do grupo surrealista de Paris que em 1969 propuseram o fim do surrealismo histórico.
[64] N. do t.: A ACTUAL/Archives du surréalisme (1982 - 1993) foi uma associação criada com o intuito de reunir e zelar pelos arquivos do

— para serem mantidos no topo de seu investimento imobiliário e estatal. Que cálculo mais cínico! Nem é preciso dizer que o objeto desta tarefa baixa consiste em fazer o surrealismo entrar no estábulo cultural — mas esta é somente uma das sombras que pairam sobre ele. Ontem foi a exposição André Breton ("A beleza será cadavérica ou não será"), hoje é o "lugar" (sem gênio algum)[65], tendo por guardas-lacaios as três parcas saídas do serralho; amanhã será a exposição Benjamin Péret com — aproveitando o embalo — uma justificação teológica baseada em seu "anticlericalismo primário".

O surrealismo, todo ele irradiação e explosão, não pode ser "conservado" na soma glorificada e imortalizada de suas obras passadas, por mais consideráveis que elas sejam àquela parte obscura de seu próprio olhar.

Patrimônio... Ainda que a palavra não seja pronunciada, é no entanto à essa sinistra noção que os três repugnantes velhacos, suplicantes de felicitações institucionais a fim de encontrar um hospício sob medida, referem-se implicitamente. À sua vontade de centralização, retenção e reificação, respondemos: dispersem os documentos surrealistas, joguem-nos pela janelinha das latrinas, semeiem-nos sob os cascos dos cavalos (vejam como somos antigos), no pátio das creches (vejam como somos jovens) e, sobretudo, arranquem-nos da capitalização e das esperanças de mais-valia acariciadas pelos especuladores do imaginário diante dos documentos surrealistas. Por conta disso, propomos que sejam tomadas a partir de agora todas as medidas para que os taxidermistas

grupo surrealista de Paris.

[65] N. do t.: Referência à expressão latina *genius loci*, ao pé da letra gênio ou espírito do lugar, usada para referir-se a uma certa "atmosfera" do lugar. O norueguês Christian Norberg-Schulz (1926-2000) foi um dos responsáveis por trazer o conceito aos estudos arquitetônicos mais recentes.

possam examinar estes senhores e de maneira geral todos os que levam à eles uma morna interrogação sobre o sentido de sua decomposição (da esquerda à direita, de cima a baixo, do plexo cervical deveras comprometido à *gidouille*[66] incrivelmente preservada).

Concessões por concessões, há algumas disponíveis na 46° divisão do Cemitério Père Lachaise[67]...

22 de novembro de 1992

Grupo de Paris do Movimento Surrealista: Jean-Marc Baholet, Luc Barbaro, Jean-Christophe Belotti, Laurent Bergstrasser, Anny Bonnin, Thierry Bouche, Thérèse Boujon, Vincent Bounoure, Philippe Clérambault, Aurélien Dauguet, Emmanuel Fenet, Guy Girard, Jean-Pierre Guillon, Michael Löwy, Marie-Dominique Massoni, Thomas Mordant, Fabrice Pascaud, Alexandre Pierrepont, Ody Saban, Bertrand Schmitt, Jean Terrossian, Marc Thivolet, Daniel Vassaux, Michel Zimbacca.

E seus amigos: Nicolas Auray, Hervé Delabarre, Jimmy Gladiator, Pascal Goblot, Guy-Claude Marie, Jean-Jacques Méric, Georges-Henri Morin, Frédéric Müller.

---

[66] N. do t.: "Gidouille" — pronuncia-se "jidúiê" — é um neologismo de Alfred Jarry que designa a barriga do Pai Ubu e sua espiral logarítmica. Ferreira Gullar traduz o termo por "pança".

[67] N. do t.: Esta divisão corresponde a tumba de Félix Pyat, democrata pequeno-burguês que participou da Comuna de Paris e foi alvo de críticas de Karl Marx. Segundo Philip S. Foner ("Two Neglected Interviews with Karl Marx", *Science & Society* Vol. 36, No. 1; Spring, 1972): "Marx frequentemente referia-se a Félix Pyat como um exemplo de radical extremista palavroso, especializado em invocações ao terrorismo imediatamente antes de ele próprio sair correndo".

Em 1992 fazia uma década que José Pierre, Jean Schuster e Jean-Claude Silbermann, que em 1969 tiveram a ignóbil ambição de dissolver o movimento surrealista, animavam a associação ACTUAL, sigla sem uma gota de humor para "Associação para Cultura, Tecnologia, Urbanismo, Artes e Letras"! O objetivo dessa miserável congregação era de tomar conta do arquivamento dos diversos documentos produzidos pelo surrealismo antes da data fatídica de 1969. Esse modesto trabalho lhes pareceu merecer não somente algumas subvenções, como também um "enquadramento institucional": foi a partir dessa perspectiva que tornaram pública, no periódico La quinzaine littéraire [A quinzena literária], uma convocatória à petição realizada junto ao presidente da República e dirigida à certas pessoas mais ou menos próximas do surrealismo. Com a nossa denúncia desse grotesco projeto elevaram-se as vozes indignadas de Jean Benoît, Jorge Camacho, Hervé Delabarre, Alain Joubert, Annie Le Brun, etc. Tornado público *foi publicado no segundo número do Boletim Surrealista Internacional* [International Surrealist Bulletin].

TERRA INTERIOR

De 93 em 93, duas mil revoluções da Terra em torno do sol não fazem uma revolução. Que civilização não confundida nas vitrines dos museus estaria em condições de fundar-se em suas próprias origens, suas histórias e seus mitos, para esclarecer o futuro com os olhos de milhares de comunidades confrontadas com a sua desagregação no Ubuniversal[68]?

Por mais atuantes que sejam algumas delas na afirmação de uma identidade irredutível ao político, a única opção à sua disposição é situar-se através de uma ocidentalidade que pretende encarnar a humanidade.

O Ocidente dos Pampas, o Ocidente da Nova-Guiné, o Ocidente dos Mongóis, o Ocidente da Ilha de Man e o Ocidente das periferias europeias, não seriam compreendidos somente na impotência dos computadores, os quais oferecem suas novas colônias estritamente em uma exterioridade vazia de sua substância?

A fome interior que resulta disso revela em nós tudo aquilo que necessita de um aterramento indispensável para as trocas humanas em todos os registros.

Ela leva-nos à investir com nossos olhares as perspectivas utópicas assim como os luares persistentes de antigas culturas, onde raios recentes de fatos históricos como a *Tierra Adentro*[69],

[68] N. do t.: Neologismo criado por Michel Zimbacca.

[69] N. do t.: Cf. panfleto "Enquanto os viajantes alcançarem substituir os videntes, p. 73.

a ilha Tortuga[70], a Makhnovtchina[71], as montanhas dos mulatos[72] ou a cidade do Sol de Espártaco[73], envolveram em um novo sentido social toda uma população composta a partir de um reconhecimento mútuo.

Do mito à história e à mitificação da história, atentos às aparições no texto dos fatos, é através da trama fantasmática que agita forte e convulsivamente vastas coletividades que enfim reconhecemos a identidade de nosso apetite de vida verdadeira e a nossa fome. Mas a partir do momento em que os refluxos reacionários restauram a divisão entre necessidade admitida e futuro ideal, esta mesma divisão congela os movimentos de um corpo instável, ao qual só um potlatch permanente dos conhecimentos e faculdades daria sentido e orientação.

Quando tudo que as instituições fazem é mascarar a fragilidade de seus alicerces numa colossal massa amorfa e insensível de cimento, telas e simulações de responsabilidades, o indivíduo, semiconsciente mas o único que empresta vida às ruínas e aos escombros com os quais brinca de uma espécie de infância a ser recomeçada, não sabe qual parte de seu destino dedicar ao pessoal e qual ao coletivo. Entrar? Sair? Faróis e balizas ignoram o orvalho escuro depois da noite em claro.

---

[70] N. do t.: Ilha caribenha que faz parte do Haiti e que foi dominada por piratas no século XVII.

[71] N. do t.: Também conhecida como "Território livre", foi uma sociedade e território anarquista ucraniano 1919 a 1921, organizada em sovietes livres e comunas. Suas dissolução se deu principalmente por diversas pressões e manobras por parte do Exército Vermelho russo, então sob as ordens de Lênin e Trotsky.

[72] N. do t.: Regiões montanhosas dos domínios franceses caribenhos ocupadas por mestiços; espécie de quilombos.

[73] N. do t.: Em latim *Civitas solis*, título de uma utopia escrita pelo monge dominicano italiano Tommaso Campanella (1568 - 1639) em 1602 na prisão, onde passou 25 anos encarcerado por heresia.

Ver?

O primeiro observador nos restituirá os acessos de sua descoberta, de uma terra que, embora ele possa mostrar-nos, será plenamente visível somente a nós em todos os movimentos de troca. Desta forma, tendo vista uma representação coletiva que possa gravar os efeitos de uma dinâmica semelhante, nós multiplicamos os reconhecimentos, forjando uma toponímia percorrida por silogismos aforísticos e atravessada por signos e ecos aqui propostos como pontos de encontro, onde o visitante pode ficar à vontade para imantar os pontos de fuga de um futuro "apresentado" pelo fato poético.

Aquele que caminha na terra interior não imobiliza suas sombras, mas são elas que refratam-no em seus desejos, indo da estrela ao corpo instável[74].

Do ambiente de amores, seja ele estável ou instável[75], ele descerá como de seu próprio coração, fonte e delta de toda real comunidade de aventuras que rompe a mecânica dos destinos.

Março de 1993

Alexandre Pierrepont, Daniel Vassaux, Michel Zimbacca.

A associação Hourglass fundada por Peter Wood e Guy Flandre teve uma intensa atividade editorial nos anos 1990, publicando numerosas plaquetes de poesia, sendo uma de suas principais Shrieks, *uma coletânea de poemas de Joyce Mansour traduzidos para o inglês. Nesta época, a associação dispunha da possibilidade de montar exposições ligadas ao surrealismo numa*

[74] N. do t.: Referência a uma exposição coletiva dividida em três salas: *terra, estrela* e *corpo instável.*

[75] N. do t.: Referência a mesma exposição e à viagem iniciática e amorosa.

galeria colaborativa do XVIIIème arrondissement parisiense. Foi assim que ela apresentou as obras do grupo surrealista tchecoslovaco, de Marianne van Hirtum, de Farid Lariby... De 23 de fevereiro a 6 de março a galeria hospedou Terra Interior, *uma exposição concebida e realizada pelo grupo de Paris do movimento surrealista. Esta exposição não tratava simplesmente de pendurar as obras nas paredes, mas ao longo de três salas colocadas à nossa disposição, ela era como que uma materialização alegórica de um espaço mental utópico cuja exploração determina um dos aspectos do projeto surrealista. Para acompanhá-la editamos, com o selo da Hourglass, claro, um catálogo de cerca de 20 páginas, de onde provém o texto acima. Outros textos eram assinados por Vincent Bounoure, Marie-Dominique Massoni, Marc Thivolet, etc., os quais vinham acompanhados por reproduções de pinturas de Jean Terrossian, Gabriel Derkevorkian, Ody Saban, Guy Girard, Michel Zimbacca, etc. Esta exposição conheceu um considerável sucesso em meio aqueles para os quais o surrealismo não se reduz ao comércio de guardados para os lados de Saint-Germain des Prés. Evidentemente a exposição não obteve nenhum eco midiático, esceto da imprensa de extrema-esquerda (*Rouge, *n° 1531, 25 de fevereiro de 1993 e* Politis, *n° 11, abril 1993).*

CONVITES

As últimas eleições legislativas demonstraram mais uma vez: apesar de sua falta de representação parlamentar, a extrema--direita se instalou de forma duradoura tanto na cena política quanto na vida cotidiana.

Diante dessa situação por si só desastrosa, com o alarme já disparado, vamos nos satisfazer com uma união de "boas--vontades", a qual levaria a democracia rumo a dias melhores? E que democracia? Ao não expor este pesadelo, no qual as piores razões da história retiram suas forças da desrazão de viver, não estaríamos combatendo na defensiva?

O que se agrava hoje em dia transborda amplamente para além da margem de manobra consentida de modo a não complicar ainda mais um futuro cansado de seus modelos. A ideia-clichê de uma "crise de identidade" de fato dissimula a falência dos processos identificatórios propostos àqueles a quem se pretende ver sempre e somente como consumidores. Os desejos não deveriam assumir sentido através das imagens mais conformes à estupidez das relações mercantis?

À medida que não é vivido no sentido de agir no mundo, o imaginário reage somente através de fantasmas[76] arcaizantes, os quais circulam insidiosamente a partir do momento em que nada de novo é oferecido diante do mal-estar civilizado[77]. Assim, mais uma vez a irracionalidade das vidas maltratadas pela desrazão do Estado e da economia capitalista encontra seu terreno de expressão política numa movimentação fascista. E esta irra-

[76] N. do t.: Em psicanálise também traduzido por *fantasias*.

[77] N. do t.: Cf. *O mal-estar na civilização*, de Sigmund Freud (Penguin & Companhia das Letras, 2011).

cionalidade vai se reforçando, sempre ciente de que é a única a instituir-se neste papel de exutório, e talvez em breve também de catalisador pulsional. Cronicamente mantidos pelas mídias, o racismo, a xenofobia, a nostalgia de um chefe providencial e o culto à abominável trindade "trabalho, família e propriedade" prosperam na negação da utopia e do desejo de revolução.

Uma vez que o sentido da festa não vai além de solitários se acotovelando sem encontrar-se, é a esta negação que se deve a submissão das relações sociais estritamente ao princípio de realidade[78]. A exacerbação espetacular dos instintos acomoda muito bem os mais duvidosos modos de recalque que constituem um dos principais meios de sedução da extrema-direita.

Mas de que modo o medo do outro funciona como fantasma[79] repulsivo interditando qualquer troca simbólica? Quais são as mentiras nas quais se revelam os meios de formação e crescimento de um delírio que, amanhã, poderia levar o neofascismo ao poder? Será que isso não se daria somente por omissão? É do fundo do coração de nossa militante e das ressacas marítimas da vida cotidiana que denunciamos em atos o discurso da extrema-direita que aposta no pânico de uma perda de identidade e oferece como alvo o vizinho desconhecido.

A luta empreendida pela erradicação definitiva do fascismo, e sobretudo daquilo que o gera, implica antes de mais nada

---

[78] N. do t.: Segundo Laplanche e Pontalis (*Vocabulaire de psychanalyse*, Quadrige/Presses Universitaires de France, 1967), trata-se de "um dos dois princípios que, segundo Freud, regem o funcionamento mental", sendo que o outro, com o qual "forma um par" e que é modificado por ele, é o "princípio de prazer" (Cf. *O homem dos lobos e outros textos* (Companhia das Letras, 2010), no qual se encontra o texto "Além do princípio de prazer"). "Princípio de prazer" foi o tema e título da exposição internacional surrealista ocorrida em Brno, Praga e Bratislava entre fevereiro e julho de 1968, a última antes da autodissolução do grupo de Paris em 1969.

[79] N. do t.: Cf. nota 76.

uma reapropriação da dinâmica imaginativa do corpo social, dedicada à reativação do mito libertário. Evitemos a repetição do erro dos anos 1930, tão bem denunciado por Ernst Bloch:

> Os nazistas só puderam montar tão tranquilamente sua vigarice (...) porque uma esquerda demasiado abstrata (...) sub-nutriu a imaginação de base porque ela quase abandonou o mundo da imaginação.

É por isso que trabalhamos no exame das tentativas de assimilação e filiação de mitologias antigas ou de fatos históricos (desde os mundos celta e germânico até Nietzsche, desde Joana D'Arc até a cabeça boquiaberta de Luís Capet[80]) reivindicadas pelo fascismo, sendo que seria até mesmo necessário mostrar como tais mistificações encontram sua origem nos modos de pensamento dominantes.

Contra essas tentativas queremos opor os mitos renascentes ou novos, suportes da utopia em busca do vir-a-ser.

Diante de quem quer que seja capaz de acreditar ter encontrado nos mitos antigos a justificativa de uma ideologia cretinizante, nós projetamos a memória da seguinte lenda celta em direção ao futuro: a lenda de Bren, chefe arcaico cuja cabeça cortada marcando a entrada do reino da Hospitalidade simboliza a cada membro da comunidade, e com a conquista da autonomia da mesma, o futuro pacto harmônico.

1993

[80] N. do t.: Nos meses que antecederam à sua decapitação, Luís XVI passou a ser chamado por seu nome e sobrenome, ou seja, Louis Capet, o que indicava a perda de sua nobreza. Capet era o sobrenome de Hugues Capet, fundador da dinastia dos Capetos em 987, a qual deu origem à Casa Real de Bourbon da qual Luís XVI fazia parte.

Grupo de Paris do movimento surrealista: Luc Barbaro, Jean-Christophe Belotti, Anny Bonnin, Thérèse Boujon, Vincent Bounoure, Aurélien Dauguet, Emmanuel Fenet, Guy Girard, Jean-Pierre Guillon, Michel Lequenne, Michaël Löwy, Marie-Dominique Massoni, Thomas Mordant, Alexandre Pierrepont, Ody Saban, Bertrand Schmitt, Marc Thivolet, Daniel Vassaux, Michel Zimbacca.

Depois do refluxo das esperanças revolucionárias nascidas em torno de maio de 1968, um contragolpe ocorrido nos anos 1980 teve como efeito o retorno das ideias de extrema-direita, representadas então pelo Front National[81] *que obtiveram um relativo sucesso midiático e eleitoral. Também nos pareceu necessário que nos implicássemos nas atividades militantes do movimento antifascista de modo a denunciar a tendência cada vez mais reacionária que assumia a sociedade sob o domínio de um capitalismo em plena mutação neoliberal. Este texto escrito durante o inverno de 1992-1993 foi proposto ao jornal* Ras-le-Front[82]*, que o publicou em maio de 1993 em um número especial consagrado ao primeiro salão do livro antifascista, e a seguir no número 13 de sua edição mensal, no mês de junho seguinte.*

[81] N. do t.: Partido francês de extrema-direita, durante muito tempo liderado por Jean-Marie Le Pen (1928) e, posteriormente, por sua filha Marine Le Pen (1968).

[82] N. do t.: Jogo de palavras com o nome do partido Front National e a expressão francesa "ras-le-bol", que corresponde em português a "estar de saco cheio". Cumpre notar que "bol", designa tanto "tigela" quanto, vulgarmente, "ânus".

VIVA ZAPATA! RECEITAS CULINÁRIAS[83]

Assim como Pancho Villa, Zapata bem poderia figurar no baralho feito pelos surrealistas em Marselha. Pois ele representa o espírito de insubmissão em estado puro, livre de todo compromisso com o pegajoso pudim da razão do Estado ou com a pasta mole da *merdonidade*.

Inatingível, ele escapa dos delatores indigestos, dos recortes de gráficos-de-pizza eleitorais, das defumações de embutidos suínos religiosos, das máquinas de enrolação passando pernas.

Se os policiais lançados ao seu encalço não conseguiram capturá-lo — apesar de seus vastos rebanhos de porcos temperados com molho agridoce e sua formidável inteligência artificial de citronela — é porque ele muda constantemente de forma: ora nuvem de obsidiana no fundo do lago de Pátzcuaro (ali onde Léon e André se encontraram em 1938[84]), ora estrela com garras de jaguar acima da pirâmide do sol em Teotihuacan. É ele que fez a lava ferver nas profundezas de Popocatépetl cada vez que os estudantes enfrentaram o exército em 1968. Metamorfoseado em tamanduá sem cabe-

---

[83] N. do t.: Em 1988 Guy Prévan, editor dos volumes de 5 a 7 das obras completas de Benjamin Péret e próximo do grupo surrealista de Paris, publica na coleção Griffures da Éditions de l'Instant seu *Pequeno compêndio de cozinha antropófaga* [*Petit précis de cuisine anthropophage*], cujas receitas, somando acidez crítica, humor negro e glutonaria pantagruélica, aproximam-se deste panfleto.

[84] N. do t.: Referência ao encontro de Léon Trotsky e André Breton no México, que deu origem ao livro *Por uma arte revolucionária independente* (do qual viria a participar Diego Rivera), reeditado no Brasil pela sobinfluencia em 2020.

ça lançando chamas pelo focinho, ele ateia fogo nas fazendas dos latifundiários produtores de café descafeinado.

As pessoas de bem, as pessoas razoáveis, a pessoas modernas, as pessoas que são uma boa companhia, as pessoa de marzipã, os guardinhas quebra-nozes de araque — *nux vomica*[85] —, as patrulhas, as morcilhas, as tortilhas, os canalhas *com canela* acreditaram que ele estava falecido, fuzilado, morto e enterrado.

E eis que, quando tudo ia bem (para estes senhores da nata social), quando tudo estava calmo, quando reinava a ordem, o progresso e a prosperidade, vermelho como um eclipse lunar, eis que o diabo sai da toca e com o cuco de seu relógio comestível assobiando o velho *corrido* de 1910 *Carabina 30/30*[86]. Ele voltou com a cabeça dos homens de milho, isto é, dos Indígenas de Chiapas, inimigos da civilização ocidental, do livre-comércio e da modernização com ketchup (e uma pitada de maionese NAFTA[87]). O conhecemos bem em seu cavalo branco desafiando as autoridades municipais, regionais e federais, acendendo o rabo de galo de fogo no telhado dos palácios oficiais e ameaçando comer tudo cru ou no espetinho — com cebolas e *chili*: um banqueiro multinacional, dois generais, três bois, quatro coronéis e cinco ovelhas.

5 de março de 1994

[85] N. do t.: Nome científico da planta da qual é extraída a estricnina, alcalóide altamente venenoso.

[86] N. do t.: *Corrido* é um gênero musical popular mexicano e "Carabina 30/30" uma canção deste gênero que faz referência à espingarda Winchester Modelo 1894, muito utilizada na Revolução Mexicana, como afirma seus primeiro dístico: "Carabinas 30-30/ que los rebeldes portaban".

[87] N. do t.: *North American Free Trade Agreement*, ou em português *Tratado Norte-Americano de Livre-Comércio*, acordo de livre-comércio estabelecido entre Canadá, EUA e México em 1994.

Grupo de Paris do movimento surrealista: Jean-Marc Baholet, Luc Barbaro, Jean-Christophe Belotti, Vincent Bounoure, Aurélien Dauguet, Emmanuel Fenet, Guy Girard, Michel Lequenne, Michael Löwy, Marie-Dominique Massoni, Thomas Mordant, Dominique Paul, Alexandre Pierrepont, Ody Saban, Bertrand Schmitt, Michel Zimbacca.

Em 1º de janeiro de 1994 eclodiu a insurreição do EZLN[88] *na província de Chiapas, no México. Tanto por sua rebelião contra um Estado dos mais corrompidos, quanto pela implementação de uma autonomia de coletividades indígenas, e isso sem o menor desejo de conquistar do poder, depois dos sangrentos fracassos das guerrilhas mais "tradicionais" ocorridas no terceiro-mundo, estes insurgentes anunciavam novas maneiras de lutar, as quais nos pareciam capazes de conjugar os poderes do sonho e da ação. Com efeito, fomos sensíveis à invenção poética que emanava das mensagens e das declarações provenientes da Selva Lacandona*[89]*. Este texto foi publicado em* Rouge [*Vermelho*] *(periódico da Liga Comunista Revolucionária), na edição de 17 de março de 1994.*

[88] N. do t.: Exército Zapatista de Libertação Nacional, organização revolucionária armada mexicana de orientação anarcossindicalista.
[89] N. do t.: Selva situada na região de chiapas e onde habitam os lacandões, tribo maia que dá nome ao local.

TARIFA NOTURNA

Estava ali a morosidade e o tédio, por todos os lados o asfalto cobrindo as pedras, a utopia denegada

Estava ali a lixeira da Bolsa, a desconfiança e a delação, os ensaios nucleares, os integristas da cruz e do crescente[90]

Estavam ali os grandes massacres ao pés da telinha

Estavam ali os sem-teto, os sem documentos, os sem futuro, os sem amigos, os sem um tostão furado, os sem sonho.

Esteve ali a pedra que foi reencontrada para dizer não aos fascistas, aos padres, à ordem moral, para clamar pela revolta, pelo direito à moradia, pela recusa ao asfalto que petrifica nossas vidas

Periferias banidas se rebelam e dão ritmo a outros cantos

Esteve ali em Chiapas o riso do Indígena que fez chover.

E estão ali as greves, a palavra libertada, as palavras que se trocam, as cadências em câmera lenta, as consciências que se descobrem

Estão ali menores sequestradores, electricistas fazendo gatos

Ferroviários em assembleia soberana

Faróis noturnos e faróis diurnos

As cidades do interior que dançam com Paris

Estão ali caminhos reinventados, praças que voltam a ser públicas, a primavera no inverno quando desfila o desejo, o retorno do possível

---

[90] N. do t.: Referência aos integristas — aqui tanto católicos (a "cruz") quanto muçulmanos (a lua "crescente") —, corrente religiosa que prega a manutenção do que denominam "tradição". Os integristas católicos franceses foram responsáveis por um atentado terrorista a um cinema francês em 1988, quando este exibia o filme *A Última Tentação de Cristo*, de Martin Scorsese.

Está ali a greve, ainda e sempre a greve e as paixões reencontradas e a recusa à chantagem econômica

O dinheiro tornado inútil, a extensão de todos os privilégios a todos, a atividade livre e o re-encantamento da vida

O jogo, o riso, o sonho

12 de dezembro de 1995
Os alquimistas da rua Pernelle

O grande movimento em torno das greves do inverno de 1995 marcava na França uma renovação no âmbito das lutas sociais. Alguma coisa acontecia, o que implicava, para além da mera defesa das conquistas sociais novamente ameaçadas por um projeto de lei específico, e por certo também de maneira latente, um desejo coletivo de saudar "o retorno do possível". Distribuído diversas vezes nas manifestações parisienses, este panfleto, que se colocava como uma incitação ao sonho desperto da utopia, foi com frequência recebido como um poema! Ele foi publicado no Le Monde Libertaire, *no* Le combat syndicaliste *da CNT*[91] *(junto ao qual alguns de nós então militavam) e foi lido em alguns programas da* Radio Libertaire. *Sob a assinatura* Alquimistas da rua Pernelle *estavam congregados os surrealistas parisienses e seus amigos que se reuniam semanalmente com eles em um café (que já não mais existe), no qual uma das entradas dava para a rua Pernelle — sobrenome da mulher do alquimista Nicolas Flamel — enquanto a outra dava para a Tour Saint Jacques*[92].

[91] N. do t.: Em português Confederação Nacional do Trabalho [Confédération nationale du travail], união anarcossindicalista francesa fundada em 1946 por espanhóis exilados.

[92] N. do t.: Esta torre é associada a alquimia e diz-se que é daí que parte o Caminho de Santiago de Compostela. Ela aparece em dois momentos importantes da obra de Breton: na abertura do poema "Vigilância" (*O revólver de cabelos brancos* [*Le revolver à cheveux blancs*], Éditions

DE VENTO EM POPA

Uma aurora de maio, esquecendo-se da noite de onde ela vem, esquecendo-se do barulho e do silêncio de um mundo onde gostariam de fazer-nos acreditar que a dominação generalizada do capital foi resolvida de uma vez por todas. Virtualmente.

Sobre um fundo de milenarismo, os fantasmas[93] do apocalipse suscitam os cavaleiros assassinos à ignóbil estupidez. Mas todos aqueles que os Estados da Europa gostariam de expulsar de suas fronteiras, todos os discriminados por todos os sistemas e os apedrejados por todas religiões não são imagens de síntese.

Viva a revolta e um salve aos insubmissos sem fronteiras, companheiros conhecidos ou desconhecidos, indivíduos isolados ou livremente associados, que se recusam a abdicar de uma necessidade vital quando a teoria crítica esqueceu de fazer a crítica de suas carências e de seus danos. Alguns "estilhaços e pepitas" nos panfletos das greves de dezembro na França, no ateísmo tranquilo e nas convocações de Tasli-

Cahier Libres, *1932*), de André Breton: "Em Paris a Torre Saint-Jacques vacilante/ Igual um girassol"; e posteriormente no quarto capítulo de *O amor louco*, no qual Breton cita o dístico de "Vigilância" que faz referência à torre: "Eu estava novamente perto de ti, minha bela errante, e ao passar me mostravas a Torre Saint-Jacques sob seu pálido véu de andaimes que após anos agora contribui para fazer dela ainda mais o grande monumento do mundo ao irrevelado".

[93] Vide nota 68.

ma Nasreen[94], nas palavras esvoaçantes dos *rebozos*[95] ou das faixas coloridas ornamentando os capuzes dos Indígenas de Chiapas, na imagem e na voz daquela bela jovem entrevistada ontem, cantando e dançando um rap para alegria de alguns amigos apaixonados numa praça sinistra de Paris.

Revolta no que o desejo tem de mais imperioso, você nos joga na rua e derrama sua tinta contra tudo isto que pretende impedir-nos de encantar o mundo em nome da necessidade: é do amor que você tira sua mais clara exigência, a noite e o dia. Sonhadores sem bússola, deixamos as terras do imaginário à vontade para incendiar nossos céus. Nós, sonhadores e jogadores que somos, conhecemos muito bem e há muito tempo a ditadura das ideologias, mesmo que ela se formule em sua mais recente face, a do fim das ideologias. Jamais aceitamos que em nome de dialetais dialéticas fossem enterradas as exaltações destes momentos em que, no aperto do corpete à míngua de realidade[96], a infância, a poesia e o amor fazem nossa alegria.

Somos obstinados e teimosos, e nosso orgulho jorra daquilo que convencionou-se denominar fragilidade: nossa sensibilidade. Cada vez mais frequentemente nossas trilhas cruzam a de outros contrabandistas e de outros foras-da-lei com os quais partilhamos o desejo de devastar os ceticismos que justificam todas as renúncias e todos os enclausuramentos. Senhores padres de todas as confissões, nada de amém por ora. Renascendo aqui e ali, a revolta jamais pode ser enclausurada em

[94] Taslima Nasreen (1962) é médica, escritora e ativista feminista bengali, autora de diversas críticas ao fundamentalismo islâmico.

[95] N. do t.: Espécie de xale mexicano.

[96] Em francês "peu de réalité", literalmente "pouco de realidade", formulação desenvolvida por André Breton na *Introdução ao discurso sobre o pouco de realidade* (Gallimard, 1927), em claro diálogo com o "princípio de realidade" freudiano (cf. nota 75).

seja lá qual crônica de revoluções da terra, tampouco numa celebração oficial de seres caros aos nossos corações.

No fio do fogo.

Não é suficiente dizer que a recusa do sufocamento do sensível não é separável das demais lutas. Há um certo tempo já sentimos que esta recusa das separações vinha entrando em ressonância com outras. Dentre elas o debate *Imaginação e Revolta* na CNT[97] em setembro de 1995; e o panfleto *Tarifa Noturna*, tanto em sua própria redação quanto a partir dos ecos que revelaram que talvez tivéssemos razão[98]. Os "alquimistas da rue Pernelle" não são todos surrealistas, mas todos se encontram com cada vez mais conivências entre si. Da cólera partilhada à gargalhada explosiva, polêmicas e divergências políticas que não rompem nada da imantação mas que, com frequência e vindo de janelas inesperadas, destilam um aguardente no qual a cor negra encontra sua florescência mais rubra. Há pouco tempo, durante dias de equinócio em Grenoble, escutamos os libertários afirmarem a necessidade absoluta da poesia na invenção do mundo. Os companheiros anarquistas estavam transmitindo o fogo. Em Praga, São Paulo, Madri, Leeds, Estocolmo, Chicago, Brno e outras cidades, os surrealistas abrem horizontes que foram intuídos por outros que lhes antecederam. Contudo a intuição não basta. Satisfazer-se com isso é aceitar a petrificação ou o divertimento, passando de um foguete mental a outro.[99].

[97] Cf. nota 91.

[98] N. do t.: Referência ao texto coletivo *Do tempo em que os surrealistas tinham razão* (Éditions Surréalistes, 1935), com o qual o grupo de Paris rompe com o Partido Comunista. Posteriormente, este título foi parafraseado no editorial do primeiro número da revista *La Brèche* [*A Fresta*] (Le terrain vague, 1961), que se encerra da seguinte maneira: "Não temos outra potência senão a de nossos desejos. Não deixamos de ter razão".

[99] N. do t.: O "foguete" ("fusée") aqui faz referência à obra *Fusées* (1867), de Charles Baudelaire, e indica algo como intuição, iluminação repentina.

O jogo ao qual nos entregamos sem limites não é uma afetação, mas sim uma descoberta e a criação de uma arquitetura invisível onde são descobertos territórios de cuja existência às vezes mal suspeitávamos. O jogo trabalha para a unificação do espírito em suas próprias variantes; de um para outro, ele cria efêmeros conjuntos que escapam à troca mercantil. Bastariam suas pegadas para alegrar-nos junto aos cúmplices que desejamos ardentemente reencontrar. Mas trata-se também de dar à luz as necessidades de nosso psiquismo em suas relações, passionais de preferência, com outros.

À fragmentação dos espíritos que pretendem nos impor respondemos especialmente com o *jogo do Fragmento*[100]. O lugar preponderante conferido ao jogo neste número da revista é um pé na bunda daqueles que morrem de suficiência;

[100] A definição do jogo do fragmento, que nos anos 1990 foi jogado de 3 a 4 vezes pelo grupo de Paris do movimento surrealista, foi publicada por Guy Girard no primeiro número da revista S.U.RR, e é a seguinte: "Na primeira fase deste jogo um fragmento de objeto circula em meio à assembleia de jogadores, fragmento este enigmático o suficiente para que seja impossível ao pensamento, senão por intuição, reconstituir logicamente o objeto em sua totalidade, assim como sua história e seu uso. O fragmento circula de jogador em jogador e cada um deles o observa como bem entende para depois escrever um texto no qual imagina o que terá sido o objeto inteiro e sua aventura. Após a leitura, e se for o caso, constatam-se as eventuais coincidências entre os diversos relatos, sendo que estes textos são então reunidos e transmitidos a um outro jogador, que não terá participado desta fase preliminar e, portanto, ignora todo e qualquer aspecto do fragmento em questão. A partir da leitura dos textos ele fará para si uma representação imaginária do objeto evocado em sua totalidade, o qual ele há de concretizar através dos meios plásticos de sua preferência. Diante do conjunto dos jogadores o produto deste jogo será então comparado ao fragmento inicial, cuja identidade, ou ao menos a origem, é então revelada. Na sequência são apreciadas as mutações que ao longo de um caminho imaginário podem acrescentar-se à identidade de um objeto e suas propriedades que o desejo quer sempre mais estendidas".

é um pé-de-cabra para quem quiser, como nós, lançar sua pedra na *Amarelinha das Revoltas* que se desenha, afastando-se das trocas mercantis, e também para aqueles que sabem que a utopia é o que tende a tornar-se real.

Vincent Bounoure, Vratislav Effenberger, e muitos outros amigos não mais colocam o pé na estrada, mas para nós eles estão mais vivos do que os sonâmbulos desta sociedade do espetáculo na qual todos aqueles que quiseram liquidar o surrealismo ainda fazem alguma carreira. Somente alguns de nós viveram o tempo da ruptura e os rompantes liquidadores. Os demais conhecem o drama, porém não foram feridos. Eles se satisfazem saudando de muito perto e de muito longe alguns seres que obstinadamente mantém sua rota, ainda que como navegadores solitários.

Sigamos no vento e abandonemos no deserto todas as fortalezas vazias de um mundo de espelhos especulativos, carcomido pelo narcisismo e pelas cotações na bolsa.

Do desejo sopra o ar da revolta.

Cuidar, acordar[101].

Para nós o que importa é o rigor de espírito, o cuidado, os encontros maravilhosos, a subversão de toda dominação e a obstinação em dar asas a todas as faculdades psíquicas do homem. Estamos somente no umbral do jardim.

Marie-Dominique Massoni

Foi no verão de 1996 que enfim surgiu a nova revista do grupo de Paris do Movimento surrealista: S.U.RR..., *acrônimo de* Surrealismo, Utopia, Sonho e Revolta *[*Surréalisme, Utopie,

---

[101] N. do t.: Em francês há aqui um jogo de palavras entre "veiller" ("cuidar" ou "velar") e "éveiller" ("despertar").

Rêve et Révolte*]. Vincent Bounoure acabara de falecer e havia poucos meses que a maioria dos jovens chegados alguns anos antes tinha se retirado. Entretanto a atividade coletiva estava então em plena efervescência, a qual se exteriorizava nas renovadas trocas com o meio libertário, concretizadas especialmente por uma exposição e um debate nos espaços parisienses da CNT, e também pela prática de novos jogos. Foi acordado que num rodízio cada um de nós coordenaria um número da revista e foi assim que Marie-Dominique Massoni foi encarregada pela implementação desta primeira edição. De 1996 a 2005, S.U.RR. teve cinco edições, editadas por nós, isto é, pelas Éditions surréalistes [*Edições surrealistas*], sendo cada uma delas orientada por um tema em particular.*

O SURREALISMO E O FUTURO REVOLUCIONÁRIO

Para os astrônomos, desde 1727 "revolução" é a rotação de um corpo em volta de seu eixo. Para nós, revolução *significa exatamente o contrário: interromper a rotação monótona desta pseudo-civilização em volta de si mesma, quebrar este eixo de uma vez por todas e criar a possibilidade de um outro movimento, ou seja, de um movimento livre e harmônico, de uma civilização da atração apaixonada.*
A utopia revolucionária é a energia musical deste movimento.

A questão não é saber se nós estamos no mundo, mas dizer que mundo pretendemos experienciar.

Não sendo imputável a nós a distinção entre externo e interno, pudemos constatar que no Surrealismo sua comunicação foi suficientemente assegurada para que todos agissem segundo seus próprios movimentos e denunciassem as manobras materiais e mentais que os cafetões da economia, seja lá quais forem suas máscaras, cometem contra os seres humanos.

Os dejetos nucleares e os ultrajes cotidianos à natureza, a carnificina na Bósnia, a dança dos traficantes com os políticos, os pogroms nas cidades alemãs, a dupla aberração do tempo dedicado ao trabalho pareado ao tempo "livre" para a etologia do empreendimento em tempos de crise, a piedade etnocida em Ruanda em um conflito cujas causas iniciais são brancas, a realidade virtual pronta para sepultar o mundo do desejo, o governo fascistoide da Itália, a gestão monetizada das epidemias e neuroses, o integrismo e seu espelho extático na Argélia, a penhora do FMI e das potências mercantis de todas as economias, as ameaças policiais e eugenistas de uma certa genética, as leis de segurança e de censura do Ministério do Interior francês, o sistema liberal investindo contra a Europa Oriental, os gargarejos midiáticos dominando sozinhos o espaço social, enquanto o espaço terrestre é assediado por um humano cada dia mais falso. Este conjunto reúne fatos de nossa condição presente, a recorrência de nosso pior passado e a imagem de seu possível futuro.

O império das mídias é tal que entramos em pânico ao pensar que o sol é grande como um jornal no qual cada um pode ler as razões de sua ausência do mundo e de sua ausência de si mesmo em um jogo que o afeta e condiciona, sem dizer-lhe respeito. A onipotência cínica e niveladora deste sistema e seus métodos neutralizantes com relação a todo pensamento independente não deixam em seu terreno lugar para nenhuma solução que não reserve uma armadilha. Neste sistema, no melhor dos casos, estes pensamentos se enfraquecem na oposição. Vemos as conchas se esvaziando e se decompondo, exatamente quando a floresta de tudo aquilo que é estremece sob o pássaro-mão do que ainda não existe.

De Detroit a Tóquio, futuros radicais ainda estão atrás das barricadas de seu desespero ou ceticismo. Antes de ser o único, cada qual está sozinho e é detentor de uma carga pulsional que isola ou deriva para realizações utópicas de redes especialmente concebidas para o sujeito que sente uma fome de fundir-se em um corpo social virtualmente idêntico a ele.

Os surrealistas, que nunca deixaram de trabalhar na exploração das faculdades humanas em toda sua extensão para superar os dualismos redutivos em que uma civilização mortífera se baseava, são agora confrontados com uma realidade social que não cessa de violentar, com fins comerciais e espetaculares, o imenso reservatório de forças e paixões que ajudaram a dar-lhe à luz. O velho desprezo pelo mundo interior (1924)[102] foi substituído por sua exploração dilacerante (1994). A ignorância e o perigo mudaram de natureza. Mas será que a realidade esgota suas virtudes, no sentido alquímico do termo, à medida que uma imagética alucinada impõe suas mediações ao desejo? O incitamento permanente aos discursos economistas não deve ser apenas descrito como um novo avatar do culto ao "deus-capital" e ao "fetichismo da mercadoria"; esta logorréia submete todos os recursos da linguagem a "velharias mercantis" para a promoção de uma ordem social que progride apenas às custas de um domínio estendido a todas as formas de atividade, visando produzir a mesma alienação e o mesmo procedimento de troca para qualquer sociedade.

A ilusão de uma vida mantida e legitimada por um curso de acontecimentos muito dócil usurpa nada menos que a aventura humana, desorientada pela mesma perversão de qualquer relação sagrada com o mundo e pela padronização das trocas sociais. Chamados a se descobrir apenas nas representações da necessidade, que na maioria das vezes são confundidas com as imagens de seu desejo, investidos mas nunca investigativos, os homens acreditam que estão quites com sua história, preferindo em lugar dela as liberalidades de um mundo "pós-moderno", onde tudo acaba ocorrendo, mas onde nada é possível, nem mesmo o "viridente agora"[103] que

[102] N. do t.: Referência ao ano de publicação do primeiro *Manifesto do surrealismo*, de André Breton.

[103] N. do t.: Referência ao soneto de Mallarmé "Le vierge, le vivace et le bel aujourd'hui", de 1885, traduzido por Augusto de Campos como "O virgem, o vivaz e o viridente agora".

só é oferecido à distância e artificializado no moinho de preces, no cartão de crédito e nas telas e cadeiras eletrônicas[104].

A economia liberal descobriu como aperfeiçoar-se numa rentabilidade pela imagem, onde o imaginário estipula o dispêndio poético e pressagia uma certa forma de "economia da dádiva", sendo que cabe a nós encontrar suas vias de acesso e detalhar suas possibilidades. Ontologia metamórfica cujos princípios impulsionam todas as metamorfoses: mesmo que o grito vire um falcão, ele ainda é uma ferida. Todas as eclosões e todos os nascimentos ocorrem apenas no calor daquilo que, como a energia, é liberado e se abre à uma vida de presenças. Sendo que o relacionamento consigo mesmo é apenas uma forma de relacionamento com o outro, se cada ser, se cada homem não for representativo de si mesmo na medida em que está aberto a toda alteridade, toda representatividade política e toda delegação de poder perdem seu significado.

Que mundo pretendemos experienciar?

Estaríamos nós no limite de um universo sem fronteiras ou no limite de sua hipótese? O que a ideia teria a fazer, senão perseguir através de nós a invenção da vida — a única capaz de realizar a sequência de transformações do mundo em suas próprias belezas?

Depois das insuficiências seculares das tentativas espiritualistas e desde os primeiros becos sem saída na aventura de um materialismo restrito e intimidado, a conjunção, diante do mesmo estabelecimento conceitual, da indução surrealista e, dentre outros, dos atuais resultados da física, ofereceria nada menos que apoios comprovados para uma dialética capaz de superar as oposições ocidentais entre o material e o espiritual.

---

[104] N. do t.: Cf. *A sociedade do espetáculo* (Contraponto, 2007), de Guy Debord.

Tais possibilidades implicam uma completa recolocação em perspectiva daquilo que é conhecido e, antes de mais nada, do campo das chamadas ciências humanas. Somente projetando todo o cognoscível à luz das injunções do desejo como objeto E sujeito de seu futuro, um reconhecimento lúcido e o mais completo possível poderá refletir o dinamismo da vida, desde as explorações da patologia às transmutações da poesia.

O homem não será mais decretado por lampejos de humanismo como fora ontem.

Do escândalo das desigualdades sociais à projeção de desejos coletivos apaixonadamente comprometidos com sua realização, será que a ideia revolucionária, tal como se definiu de várias maneiras nos últimos dois séculos, ainda coincide com o mito que ela desejava abraçar em suas sucessivas encarnações?

Da "Era de Aquário" ao "fim da história", a evolução atual da consciência oblitera todas as aspirações e todas as representações vinculadas a perturbações positivas. À produção de um discurso ideológico suplementar que "aderisse" ao que tomamos por realidade sem modificá-la, opomos a concretização de novos modos de ser e de fazer, criadores de um projeto de civilização que necessariamente iria ao encontro das formas atualmente imprevisíveis de explosões revolucionárias, que pela diversidade dos povos terão de responder aos desejos elementares de todos.

Tanto em nós como na história, embora ocultas pela sombra das perversões dos pretensos socialismos, as noções comunais e libertárias ainda não jogaram sua carta de harmonia[105].

[105] N. do t.: A partir das noções desenvolvidas por Charles Fourier (1772 - 1837), a "carta de harmonia" seria algo como o oposto da carta ou carteira de identidade, relacionando-se assim às *cartas de analogia* [*cartes d'analogie*] elaboradas pelos surrealistas.

Quando a busca poética ilumina o lugar e a fórmula do projeto revolucionário, sua língua é redescoberta e inventada, com todos os seus excessos, enunciado-se de um para outro, de modo que a vida carregada em sua revolta toma corpo neste poema múltiplo onde, alternadamente, a teia de relações individuais e coletivas se desenvolve em reciprocidade.

O porvir surrealista da revolução exige que nossos avanços críticos sejam sobretudo aqueles de seres que têm a prática de outra vida. Uma atividade coletiva que, mais do que nunca, não esteja centrada na comunhão do pensamento[106], corre o risco de garantir a sobrevivência do signo à coisa significada[107] e a sua vedação artística ou política.

Nossa luta, desde o cuidado cotidiano até as ações que ela implica, consiste em, sob os impulsos do desejo, experimentar momentos que, como *analogons*[108], transformam a reali-

---

[106] N. do t.: A expressão *mise en commun de la pensée* aparece com certa frequência nas comunicações surrealistas do pós-guerra. Na declaração *Plataforma de Praga* (1968) lê-se: "Sob a relação de *mise en commun de la pensée*, que continua sendo uma de nossas preocupações específicas" ["Sous le rapport de la mise en commun de la pensée, qui reste l'une de nos préoccupations spécifiques"]. Ao pé da letra, a expressão poderia ser traduzida como "colocar em comum o pensamento", ou seja, a "soma do pensamento", como traduzimos em *Por um amanhã que saiba jogar*: Disponível em: < https://www.sobinfluencia.com/post/por-um-amanha-que-saiba-jogar >; acesso em 7 de setembro de 2022.; ou ainda como *comunhão do pensamento*, como propomos aqui.

[107] Referência à expressão "sobrevivência do signo à coisa significada" ["survivance du signe à la chose signifiée"], utilizada diversas vezes por André Breton e outros participantes do movimento surrealista, como por exemplo no texto *Posição política do surrealismo* (1935): "(...) Seja lá para qual lado me vire, o funcionamento deste mundo tem a mesma aparência de desrazão fria e hostil, **o mesmo cerimonial exterior sob o qual se distingue de imediato a sobrevivência do signo à coisa significada.** (...)" [grifo do autor].

[108] N. do t.: Elementos de uma analogia. O termo também é utilizado no

dade a partir de suas fraturas mais sensíveis, ampliando-nas e manifestando a utopia apreendida pelo surrealismo desde sua origem.

A abjeção permanente do sangrento bestiário internacional, o espetáculo exibido ou velado das decomposições de comunidades inteiras e a destilação calculada de imagens dos piores sofrimentos coletivos, mantêm por toda parte o medo de viver, amparado por substitutos tão masturbatórios quanto o trabalho que custaram; por todo lado eles alteram algumas das mentes mais afiadas; por todo lado mantêm a ilusão de desamparo face às proporções desconhecidas entre o agregado de mentalidades esmagadas e o potencial para revoltas ainda isoladas; e ainda incitaria as pessoas a apelar somente às virtudes de um pessimismo que tomaria suas providências a longo prazo. O fogo aceso nas ruas de Los Angeles, a rebelião dos índios de Chiapas, a recusa do fundamentalismo por parte das mulheres argelinas e a coragem de Taslima Nasreen[109] diante da ignóbil fátua[110], estão aí para lembrar-nos o que estamos fazendo de nossa liberdade aqui e, para que um dia inelutável seja fixo pela explosão[111].

Do amor à poesia e da poesia à vida real que os assume com o mesmo ímpeto no seio desta vida cotidiana, no que

singular, "Analogon", como título da revista do grupo surrealista de Praga.

[109] N. do t.: Vide nota 94.

[110] N. do t.: Pronunciamento legal islâmico, emitido por algum especialista em lei ou jurisprudência religiosa.

[111] N. do t.: Referência à seguinte passagem de *O amor louco* [*L'amour fou*] (1937), de André Breton: "A beleza convulsiva será erótica-velada, fixa-explosiva, mágica-circunstancial, ou não será" ["La beauté convulsive sera érotique-voilée, explosante-fixe, magique-circonstancielle, ou ne sera pas"]. Esta mesma expressão foi usada em 1971 pelo compositor Pierre Boulez como título de uma composição em homenagem a Igor Stravinsky.

têm de único e no que oferecem de mais comum, sente-se cotidianamente que pensar para agir não pode ser dissociado de agir para pensar.

Além das tenacidades da luta, apelamos ao engajamento de todas as faculdades humanas.

Se há uma aula de história que nos desafia perante o desconhecido, o novo e o apelo brutal feito à imaginação pelo que há de imprevisível em todo tipo de caos previsível que leva à irrupção de acontecimentos proporcionais à aventura humana, esta aula é a que levanta a questão da capacidade da resistência moral coletiva para superar os perigos e as armadilhas do trágico que lhe são armadas cinicamente.

É absolutamente necessário que o drama poético não possa ser dissociado do drama revolucionário, para que todos os poderes continuem dizendo respeito a todos, dizendo respeito à paixão em ação, a única que pode dar consciência à volúpia de viver, que só pode ser alcançada na partilha sem reservas.

Outubro de 1994

Grupo de Paris do Movimento surrealista: Jean-Marc Baholet, Luc Barbaro, Jean-Christophe Belotti, Anny Bonnin, Vincent Bounoure, Philippe Clérambault, Aurélien Dauguet, Gabriel Derkervorkian, Emmanuel Fenet, Guy Girard, Jean-Pierre Guillon, Michel Lequenne, Michaël Löwy, Marie-Dominique Massoni, Thomas Mordant, Dominique Paul, Alexandre Pierrepont, Ody Saban, Bertrand Schmitt, Daniel Vassaux, Michel Zimbacca.

Concebida em 1994 como nossa resposta a uma pesquisa para abrir o terceiro número do Boletim surrealista internacional

[International Surrealist Bulletin], cujo objetivo era considerar a atualidade da ideia de Revolução nos desenvolvimentos mais recentes do surrealismo — boletim este que jamais veio à luz —, esta declaração apareceu por fim na primeira edição de S.U.RR. Ela foi precedida por um chapéu que recordava as circunstâncias da sua escrita e da partida dos seus signatários mais jovens que, apesar disso, na sua maioria continuarão com uma atividade surrealista digna de certo interesse.

SUA FEDORANÇA VIAJA

Os rosnados vão crescendo e o Estado francês reserva para nós um coquetel onde a fumaça dos incensos se mistura à do gás lacrimogêneo. O fato dos historiadores demonstrarem que o *ci-devant*[112] Clovis só pode ser batizado em 496 d.C é motivo de piada para os grandes camareiros da nação e do divino: enraizar a tradição da França, filha mais velha da Igreja, no batismo de Reims[113], diabo!, eis aí o futuro! É só escolher uma data arbitrária e santificá-la para que as pessoas boas venham correndo! As comemorações nunca passam de mistificações sobre as quais os Estados apoiam sua suposta necessidade.

Em 1793 um cidadão chamado Rühl quebra a Santa-Ampola dos reis sacros. Em 1996 os franceses queimam seu RG e a bandeira tricolor.

Clovis, imigrante de segunda ou terceira geração, é para o partido Front Nacional[114] o fundador da identidade francesa. Os soldados de Deus do mosteiro Barroux[115] são, até nas dobras da batina, os mesmos da Inquisição, os mesmos que mas-

[112] N. do t.: Literalmente "de antes", esta expressão foi usada após a Revolução Francesa para referir-se à aristocracia que havia perdido seus títulos de nobreza. Por extensão, passou a ser usada popularmente para designar a antiga aristocracia.

[113] Referência ao batismo do rei Clóvis em 25 de dezembro de 496, com o qual os Francos foram convertidos ao catolicismo. A cena foi representada diversas vezes ao longo da "história da arte" Dentre estas representações, destacamos a do Mestre de Saint-Gilles, *São Remígio batizando Clóvis I* (ca. 1500), no acervo da National Gallery of Art (Washington, D.C).

[114] N. do t.: Partido francês de extrema-direita.

[115] N. do t.: Mosteiro Sainte-Madeleine du Barroux, fundado em 1970 e apoiador de Jean-Marie Le Pen e da extrema-direita francesa.

sacraram os indígenas, armaram os chouans[116], abençoaram os versalheses[117], firmaram os Tratos Lateranenses[118] com Mussolini, ajudaram o franquismo e, com o senhor Wojtyla e a senhorita Teresa[119], saudaram as ditaduras da América Latina.

A Igreja só exibe seu ecumenismo quando o poder lhe escapa. Tirania eclesiástica propagadora de um anti-semitismo teológico e prático, esta falocracia senil justificou o sexismo, a escravidão, a subordinação e sempre lutou contra qualquer movimento de revolta. Um esforço totalitário que abriu caminho para outros exterminadores. O espírito que sopra do Vaticano nunca passou do espírito da cruzada. A Opus Dei, cujo fundador era seguidor de Franco, coloca seus peões em pontos estratégicos do Estado e da máquina econômica. A Igreja é uma máfia, mas que tem sobre os seus pares a vantagem de ter um Estado e um chefe, este último modelo de todos os padrinhos mafiosos.

Os bêbados de água benta vão acorrentar-se um atrás do outro nas enfermarias do hospital onde é praticada a interrupção voluntária da gravidez. Mais sóbrios, talvez, seus primos americanos assassinam os médicos. Por outro lado, os poloneses, recuperando-se da embriaguez dos imbecis ensandecidos pela tiara papal, estão restaurando a legalidade do aborto, que o Vaticano equipara a um genocídio.

---

116 N. do t.: Contrarrevolucionários franceses aliados à monarquia, ativos de 1794 a 1815.

113 N. do t.: Grupo de soldados organizado em 1871 por Adolphe Thiers e comandados por Patrice de Mac Mahon para combater a Comuna de Paris.

118 N. do t.: Tratos assinados em 1929 pelo Papa Pio XI, representando o Vaticano, e por Benito Mussolini, representando a Itália.

119 N. do t.: Respectivamente, Karol Józef Wojtyła, conhecido como Papa João Paulo II, e Anjezë Gonxhe Bojaxhiu, conhecida como Madre Teresa de Calcutá.

Wojtyla pode ser acusado de crimes contra a humanidade ao proibir o uso de preservativos. Fazendo o ridículo competir com o desprezível, foram capazes de ordenar uma queima de preservativos na África.

Em 1996 o padre Lustiger[120] declara publicamente que o Iluminismo levou ao Gulag.

Em 1793 impõe-se o desejo de descristianizar a sociedade. Em 1871 os *communards*[121] retomam essa exigência de secularidade. Em 1905 o secularismo torna-se realidade. Hoje as manobras clericais consistem em obscurecer o secularismo como princípio de liberdade, assimilando-o a uma confissão. Esta ideologia visa facilitar a concorrência mafiosa de diferentes extorsões religiosas em nome da liberdade de expressão e da democracia. A Igreja Católica sabe que na Europa, sem o apoio do Estado, ela seria reduzida à categoria de uma seita comum.

Ali onde se eleva o homem, onde sua imaginação e seus desejos são exaltados, esta religião só soube degradar sua relação com o sagrado. O homem quer ampliar seu potencial, quer abrir o horizonte, mas as religiões se apressam em escondê-lo por trás de um céu coberto por dogmas e proibições. A necessidade humana de sagrado, na maioria das vezes inconsciente, então se manifesta num descaminho por crenças e práticas das quais uma das mais repugnantes é a proliferação de seitas. Irreprimível, o irracional surge então em seu pólo negativo, hediondo e reacionário. Roma se aproveita dessas explosões de exaltação drenando almas que se encontram em marés de efusão mística para um movimento carismático que,

[120] N. do t.: Em alemão este sobrenome significa literalmente "mais engraçado".

[121] N. do t.: Integrantes da Comuna de Paris.

nos países da América Latina, visa liquidar todas as subversões que proclamam para si um messianismo libertador.

No arsenal ofensivo do liberalismo, os melhores fuzis, isto é, os fuzis da caridade cristã e do humanitarismo, devem manter uma ordem social em que os pobres sejam culpados por não agradecer o suficiente a seus exploradores, os que detém o poder. O que o Islã já garante em alguns países é delineado na França quando Chirac[122] rende fidelidade ao legado papal, encomenda uma missa em memória de seu antecessor e propõe hospedar em Paris, no próximo verão e às custas do contribuinte, um encontro internacional dos rebentos da antiguidade católica.

A religião, *essa terrível doença mental*, como escreve Taslima Nasreen, ou melhor, todas as religiões, são seitas que conseguiram espalhar a infecção dos esgotos sangrentos de Deus. O ateísmo de Sade, Pauline Léon e Benjamin Péret[123] ganha todo o seu sentido quando oferece a uma humanidade, que finalmente alcança sua prudência, a consciência de sua aventura.

Para nós e para você desejamos o prazer e a razão ardente de afirmar um mundo livre da ideia inútil de Deus!

Sexta-feira, 13 de setembro de 1996.

---

[122] N. do t.: Jacques Chirac (1932 - 2019), primeiro-ministro da França de 1974 a 1976 e de 1986 a 1988, e presidente de 1995 a 2007 pelo partido Rassemblement pour la République [Coalizão pela República], partido gaullista de direita.

[123] N. do t.: Respectivamente Donatien Alphonse François de Sade, conhecido como Marquês de Sade (1740 - 1814), de acordo com Guillaume Apollinaire "o espírito mais livre que já terá existido"; Pauline Léon (1768 - 1838), mulher que teve um papel importante na Revolução Francesa, à frente das *Mulheres sans-culottes*; Benjamin Péret (1899 - 1959), autor de uma obra poética "das mais originais e selvagens de nossa época", como afirma Octavio Paz.

Grupo de Paris do movimento surrealista
e os alquimista da rue Pernelle

Escrito em reação à visita de Karol Wojtyla à França, o sinistro invasor do Vaticano, mais conhecido pelo nome de João Paulo II, que viera ao país comemorar o batismo do rei franco Clóvis. Este texto foi distribuído na forma de um panfleto durante uma grande manifestação anticlerical em Paris. Foi acompanhado por uma tradução para o latim (sem dúvida, a primeira vez que uma afirmação surrealista foi traduzida para essa língua!), assinada pelo Lutetiae Circulus superealistae societatis et viae Pernellae alchimisti. *Essa versão foi enviada por fax ao Vaticano. O texto em francês foi publicado no nº 29 da revista Quimeras [Chimères], dedicada à esquizoanálise.*

CONVOCATÓRIA DO GRUPO DE PARIS DO MOVIMENTO SURREALISTA

Quando o governo viola as leis do povo a insurreição é o mais sagrado dos seus direitos e o mais indispensável dos seus deveres.

Constituição da República francesa, 1793.

Nós, poetas, pintores, cineastas, escritores, membros ou amigos do grupo de Paris do Movimento surrealista, juntamo-nos à convocação para "desobedecer, de maneira a não submeter-se à leis desumanas", atualmente denominadas "leis Debré"[124].

Nós já nos manifestamos contra o código de nacionalidade[125], pois não gostaríamos nem um pouco de "ficar sozinhos com os franceses". Nós afirmamos que é dever moral de cada um fazer todos os esforços possíveis para lutar contra este racismo legalizado.

Como nós fizemos e fazemos, continuaremos portanto a simplesmente acolher nossos amigos estrangeiros, seja lá de onde eles venham, e seja lá qual for seu estatuto. Para nós, é evidentemente algo fora de questão nos tornarmos delatores ou auxiliares da polícia.

Fevereiro de 1997

[124] N. do t.: Conjunto de três leis francesas criadas com o objetivo de regulamentar a imigração permitindo, dentre outras coisas, a confiscação do passaporte dos estrangeiros em situação irregular.
[125] N. do t.: Código civil que regulamenta questões relacionadas à nacionalidade francesa.

André Bernard, Anny Bonnin, Aurélien Dauguet, Guy Girard, Michel Leclerc, Michel Lequenne, Michael Löwy, Marie-Dominique Massoni, Jean-Jacques Méric, Bertrand Schmitt, Michel Zimbacca.

No início de 1997, alguns meses após a amplamente divulgada expulsão dos refugiados sem documentos da igreja de São Bernardo em Paris, o Ministro do Interior do governo de então, filho do ministro do General de Gaulle (que família!), propôs um conjunto de leis destinadas a agravar ainda mais a situação dos imigrantes: por um lado concessões feitas à extrema direita e por outro lado aos empregadores que exigem mão de obra barata. Como participantes do movimento pela rejeição deste projeto liberticida, fizemos o texto acima circular na internet.

OS PUNHOS CERRADOS EM NOSSOS BOLSOS FURADOS

Em 12 de abril de 1997 desempregados dos quatro cantos da Europa, do Círculo Polar Ártico e de Sarajevo, do Marrocos ou da Irlanda partiram rumo à uma manifestação; eles se encontraram em Amsterdã em 14 de junho[126]. Naquele dia, antes da conferência intergovernamental europeia, expressaram sua raiva, sua revolta e seu desejo por uma sociedade outra.

Manifestações como esta são um desafio ao capitalismo e à sua onipotência política, econômica e ideológica. Se estes manifestantes podem parecer distintos em suas reivindicações, alguns exigindo direito ao trabalho, outros tendo por palavra de ordem a abolição da proletarização, todos demandam uma redistribuição massiva das riquezas.

1° de maio verá a abolição simbólica das fronteiras: infelizmente apenas das fronteiras europeias; infelizmente, será apenas simbólico, mas para nós, que recusamos todas as fronteiras, este 1 ° de maio também será uma negação de todos estes nacionalismos que pretendem mais uma vez colonizar a imaginação.

Esses manifestantes, que atravessarão cidades das quais os fascistas se consideram senhores, recebidos pelos líderes da luta contra a peste, terão de mostrar que as lutas sociais têm de combater todas as formas de delírio do capitalismo.

---

[126] N. do t.: Dia em que se comemora a Revolução Francesa, marcado em 1789 pela tomada da Bastilha.

Essas manifestações, que significam uma recusa a Europa de Maastricht e Schengen[127], são também um desprezo aos reformadores social-democratas, que jogando a carta de uma Europa social em cada qual dos países que a compõem, estão prontos para administrar a exploração e visam, como os liberais, a construção de um Estado europeu, soberba ferramenta de um capitalismo sem fronteiras.

Em solidariedade aos indígenas de Chiapas, às lutas dos assalariados na Coréia do Sul e em outros lugares, esses manifestantes são um sinal de que o internacionalismo ressurgiu e que é hora de ir além da consciência fragmentada desta pseudo-identidade europeia.

Chutando o traseiro do racismo e da miséria, ao longo de seu percurso estes homens e mulheres vão atravessar cidades e campos onde a solidariedade já se reinventa e onde são imaginados outros laços sociais.

Para além do corporativismo e das novas iscas oferecidas pelos sindicatos ou partidos social-democratas, outros sindicatos, associações e indivíduos livres de qualquer rabo-preso afirmam em alto e bom som a necessidade de acabar com o capital. Além das divisões políticas e dogmas, questões múltiplas se cruzarão.

Aqueles cuja voz nenhum rico quer ouvir, aqueles que são pegos e jogados fora, explorados com ou sem documentos, aqueles cuja consciência é alvo de todas as cretinizações mercantis, ideológicas ou religiosas, estão se preparando para se

---

[127] N. do t.: Assinado pelos países membros da União Europeia em 1992, o Tratado de Maastricht lançou as bases para a criação de uma moeda única europeia. O acordo de Schengen, cuja primeira versão foi firmada em 1985, foi responsável por permitir a livre circulação de pessoas entre os países signatários, os quais passaram então a compor o Espaço de Schengen.

reconhecerem mais numerosos e mais determinados do que há três anos.

Se algumas pessoas tiram sarro desse movimento, referindo-se aos velhos costumes de Santiago de Compostela, é porque não veem que aqui e ali estão sendo inventadas novas formas de um mito libertário e também porque jamais souberam ver além do horizonte fechado de sua doutrina. Utópicos impacientes para provar que a vida real está alhures[128] e longe da idolatria ao trabalho, da mercadoria ou do campo, os manifestantes estão traçando novos caminhos iniciáticos. Saudamos este movimento e faremos parte dele.

Primavera de 1997

Grupo surrealista de Leeds: Stephen Clark, Kenneth Cox, Bill Howe, Sarah Metcalf.

Grupo surrealista de Madri: Conchi Benito, Olga Billoir, G. Bruno, Eugenio Castro, Oscar Delgado, Javier Galvez, Paco Garcia Barcos, Jorge Kleiman, Lurdes Martinez, José Manuel Rojo, Jesus Garcia Rodriguez.

Grupo de Paris do Movimento surrealista: André Bernard, Anny Bonnin, Gilles Bounoure, Aurélien Dauguet, Guy Girard, Michel Lequenne, Michaël Löwy, Lola Marin,

---

[128] N. do t.: Em vários momentos, André Breton e os surrealistas mencionam a busca pela "verdadeira vida", a qual para eles está diretamente relacionada à poesia. A frase "a verdadeira vida está alhures" é uma paráfrase, com frequência tomada como citação ou surgindo como um lapso, de uma passagem de *Uma temporada no inferno*, de Arthur Rimbaud: "A verdadeira vida está ausente". É daí que Breton tira a porta peremptória que encerra em abertura o primeiro *Manifesto do surrealismo*: "A existência está alhures".

Kateřina Piňosová

2000
2009

DESPERTAR PARADOXAL

Um fim de século anunciado como um começo de milênio, palavras há muito tempo surradas pelos superlativos, palavras e imagens que perderam sua força e sentido, tão gastas quanto os homens que as articulam. Um eclipse da razão evidente desde a primeira guerra do século e cujas trevas se obscurecem sem trégua. Homens sonâmbulos no tenso fluxo produtivo, que "pesam" a quantidade de dinheiro que lhes é atribuída como preço de sua submissão, ou seja, de sua eficiência para "vender" mercadorias, projetos, ornamentos, soporíferos e paixões, ou então fabricando o homem do novo século: o composto biotecnológico de amanhã.

E sabe-se lá porque isso acontece. Seria o poder? Ele não é mais político, admite um ex-ministro. O Estado é um simples árbitro dos conflitos, chefe da polícia e da guerra, seguindo as necessidades dos poderes que o ultrapassam.

Eclipse da imaginação: quem ousa sonhar com o que é possível? Seria necessário primeiro negar o discurso, as decorações e os artifícios da cultura da atualidade, liberalmente distribuídos até mesmo em prisões, escolas ou asilos para loucos e moribundos pelos chamados artistas e filósofos em sua cruzada de humanitarismo, ou bancando os milicos comediantes nos bastidores dos massacres. Austríaco ou não, o fascismo prepara sua cama com grande tranquilidade.

Eclipse da utopia, cujos discursos realizados por esses mesmos filósofos e historiadores sem história nos dizem repetidamente que ela não pode levar ao gulag.

No entanto, mais frequentemente do que os jornalistas nos dizem, uma greve, uma marcha de desempregados, uma manifestação de migrantes sem documentos, uma manifestação de antifascistas e uma criação destroem a noite. Essas áreas de turbulência são nossas. Lá encontramos amigos que, como nós, insistem em lançar as bases de uma nova civilização.

Para os poetas as únicas fronteiras que existem são os limites de seu mergulho no desconhecido e a insuficiência das palavras para dar a ver as imagens que os habitam. Essas pesquisas individuais e coletivas clamam por outros cúmplices na magia e na utopia. Insubmissos tanto com relação aos limites sociais quanto aos limites humanos, depositamos esperança apenas nos olhares e nas palavras em que a energia nativa do desejo é amorosa.

Na "galeria das palavras de poder" as obras que apresentamos partem de um jogo onde o abstrato torna-se matéria. Reificação? "Um bolo queimado"... disse um; "a cereja do bolo", continuou o outro; "um esqueleto dançando na cabeça de Luís XVI" acrescentou um terceiro; e assim surgiu a imagem que nos é proposta hoje sob este título. Outras palavras se seguem: mercadoria, censo, lei, repetição, rapacidade, revolta.

O jogo dos contrários[129] exerce sua função essencial de distanciar e virar de pernas para o ar aquilo que atinge cada um. O pensamento analógico que surge em seus caminhos ajuda a abrir o horizonte, sendo uma lógica básica sobre a qual a racionalidade não intervém como dominadora e redutora, mas sim como ferramenta complementar e indispensável.

[129] N. do t.: Cf. Desenvolvido pelo grupo de Paris do movimento surrealista nos anos 1970, sua formulação foi apresentada por Michel Zimbacca no primeiro número do *Boletim de ligação surrealista* [*B.L.S*]. No Brasil, ele foi praticado em 2021 de modo amplo na cidade de Curitiba.

Surrealista não quer dizer bizarro, desconcertante, confuso, espetacular, maluco, mas sim laborioso no remodelamento da compreensão humana a fim de restaurar todos os seus poderes e descobrir outros. O que importa hoje é não deixar-se levar pelo grande sono da consciência e não tomar como sonhos o dinheiro vivo dos simulacros. Dos oceanos do sonho trouxemos de volta alguns aluviões e, a partir do despertar que esses achados implicam no adormecido, sugerimos que em troca cada qual os coloque em prática. Sono-vigília paradoxal nos labirintos e na dialética eclipsando os falsos semblantes destes tempos letárgicos.

Primavera de 2000
Guy Girard e Marie-Dominique Massoni

De 16 de maio a 18 de junho de 2000, durante a Bienal de Conches, na Normandia, ocorreu a exposição Despertar Paradoxal *[*Éveil Paradoxal*], a qual reuniu o grupo surrealista de Paris e alguns de nossos amigos estrangeiros, em particular de Praga, assim como alguns dos alquimistas da rue Pernelle, incluindo Bruno Montpied, um apaixonado pela arte bruta que exibia ali algumas peças de seu acervo.*

Ao todo foram cinquenta e três expositores. Muitos dos objetos expostos foram produzidos a partir de jogos coletivos — como por exemplo o jogo do poder[130] —, *os quais encontra-*

---

[130] N. do t.: *Jogo do poder* (em francês, *jeu du pouvoir*) trata-se de um jogo jogado pelos membros do grupo da Paris do movimento surrealista no qual se escolhe um conceito abstrato, o qual é então associado de modo espontâneo a um objeto concreto. Após isso, um dentre os participantes — frequentemente o próprio Guy Girard, segundo ele nos informa — encarrega-se de fazer um desenho ou pintura comportando os objetos em questão. Cf. os números 4 e 5 da revista S.U.RR.

vam-se ao lado de obras produzidas individualmente. Para o folheto que servia de cartão-convite, foi-nos pedido um texto apresentando o objetivo da exposição.

Este texto foi escrito por dois de nós. Mas provavelmente pareceu inconveniente aos olhos de nossos anfitriões, uma vez que apenas sua primeira frase e seu último parágrafo foram impressos. Contudo, eles foram complementados por este breve texto de Aurélien Dauguet:

> *O homem moderno finge pensar acordado. Identifica o pensamento com o estado de vigília. Mas esse pensamento desperto nos conduziu pelos corredores sinuosos de um pesadelo, onde os espelhos da razão multiplicam as câmaras de tortura. Ao sair talvez descobriremos que sonhamos com os olhos abertos e que os sonhos da razão são atrozes.*

Nosso texto foi disponibilizado aos visitantes na íntegra em fotocópias. Posteriormente, ele foi publicado em tradução no número 29 da revista surrealista tcheca Analogon.

O MARTELO DAS BRUXAS

Na terra bretã, korriganes e korrigans
brincam na mais plena igualdade.
Marina Yaguello, *O Sexo das palavras.*

No que diz respeito ao destino reservado à bruxa no Antigo Regime ocidental, este impiedoso "Malleus Maleficarum"[131] que os navios europeus transportaram até o Novo Mundo, dispunhamos de um estudo da mais alta importância: o de Michelet[132], que dedicava à questão páginas tão eruditas quanto líricas e apaixonadas. O ano era 1862, mas mesmo assim sua obra foi imediatamente considerada subversiva: ela foi expurgada de vários parágrafos e ainda assim proibida pela censura e listada em um índex que só permitia sua publicação no exterior. A partir de um trabalho de arquivo considerável dedicado à causa das bruxas, o velho historiador defendeu a causa da mulher do passado, de hoje e de amanhã. Também denunciou seus inimigos de sempre: religiões, tribunais eclesiásticos e seus métodos bem estabelecidos (coação à delação, intimidações diversas, torturas, fogueiras ou forcas...). Rapida-

[131] N. do t.: Em geral traduzido como "Martelo das bruxas" e escrito pelos monges dominicanos Heinrich Kramer e Jakob Sprenger, é um dos mais cruéis manuais inquisitoriais publicados no século XV. Marcado por uma grave misoginia, o manual recomenda inclusive uso de tortura para obtenção de confissões.

[132] N. do t.: Jules Michelet (1798-1874), célebre historiador francês, autor de *História da França* e *História da Revolução*, além de diversos escritos sobre o medievo.

mente ele percebeu que havia ultrapassado os limites do bom gosto e da neutralidade objetiva.

Madame Françoise D'Eaubonne retorna a esse problema em um livro recente: *O sexocídio das Bruxas* [*Le Sexocide des Sorcières*][133] (L'Esprit rappeur ed., 1999). Com menos lirismo e poesia ela retoma aproximadamente o argumento de Michelet — logo, melhor retornar a este último, a menos que você prefira jeropiga adulterada a um copo de bom vinho.

Inspirado e indignado, Michelet não a teria acompanhado no caminho dos anexos pessoais que ela agrega ao seu rápido resumo da história: primeiro um poema dela mesma (se é que podemos chamá-lo de "Poema", dadas suas rimas tão femininas[134] quanto golpes de baioneta na terra arada pronta para "sorver sangue impuro": "Woman, mobilize-se! Mulher, às armas", etc). Depois, uma carta ao Papa pedindo a Vossa Santidade — é assim que ela se dirige a ele — que fizesse "um gesto de retratação" pela maldade que seus predecessores infligiram às bruxas medievais[135].

[133] N. do t.: Ao pé da letra, *O sexocídio das feiticeiras.*

[134] N. do t.: Em francês, rimas femininas hoje não são necessariamente rimas dotadas de uma semântica ligada ao que alguém poderia entender vulgarmente por feminilidade, mas sim aquelas cujo último fonema é terminado por um "e" mudo. Cf. Marc Dominicy, « Sur la notion de féminin ou masculin en métrique et en phonologie », in *Recherches linguistiques de Vincennes* (Université Paris VIII, 1984) pp. 6-45.

[135] N. do t.: Guy Girard nos lembra que este tipo de "neo-feminismo" já fora denunciado por Annie Le Brun e que a súplica que Françoise D'Eaubonne endereça ao Papa, "representante de uma igreja que sempre desprezou (e ainda muito mais) as mulheres, além de ser absolutamente ridícula, testemunha a confusão de certas intelectuais feministas que não compreenderam que seu combate exige um mínimo de ateísmo e anticlericalismo. Uma luta que ao invés de ser radical e global em seus objetivos é apenas fragmentária e não leva a nada, a não ao seu próprio sequestro: e assim temos então um ministério dos direitos da mulher, mulheres na polícia, etc".

Como evidenciado nesta carta aberta postada na Internet e datada de novembro de 1998, o oposto de *tudo* não é necessariamente *nada*: pode também ser a confusão geral das mentes. Liderados por Madame d'Eaubonne, os signatários de fato misturam tudo: o genocídio dos judeus durante a era nazista, o temor diante da homossexualidade, a caça às bruxas, o ódio ao mundo feminino, coisas pelas quais de fato a Igreja é amplamente responsável. No entanto, para sustentar seu pedido, as padroeiras aqui reunidas nesta ocasião asseguram a "Vossa Santidade nossa confiança no Vosso Sentido de Justiça"; a autoridade a que elas se dirigem não deveria, além do mais, ter escrúpulos em satisfazer o seu desejo de uma "retratação", visto que "o Evangelho, sobre o qual Pedro construiu a sua Igreja, é", segundo elas , "de todos os livros sagrados conhecidos mundo afora, *o único feminista*"... (Os itálicos, maiúsculas e minúsculas não são meus, mas do texto). Se, por acaso, os serviços do Vaticano deram uma resposta a esta desconcertante carta aberta, gostaríamos muito de saber seu conteúdo, diabos!

1º de dezembro de 2000
Jean-Pierre Guillon

Desde 1963 o poeta Jean-Pierre Guillon (1942 - 2012) participava das atividades do Movimento surrealista. Em dezembro de 2000 ele dirigiu este texto à Françoise D'Eaubonne, irritadíssimo com o fato de que esta militante feminista se dispôs à mergulhar no pântano de água benta com suas dores.

POLUÇÕES OCULTAS

Quando todo o espaço da vida humana está imundo,

Quando não mais procuramos distinguir quais das poluções físicas ou mentais multiplicam as imposturas de uma realidade privada de qualquer sentido que não seja determinado pelos impulsos financeiros e ereções falaciosas da Bolsa de Valores,

Quando a pornografia clássica é distribuída nos supermercados da cultura liberal como um condimento para os miserabilismos que ela engendra,

É na redução de todo ser, coisa ou ato a uma mercadoria que a obscenidade contemporânea se revela, cada vez mais visível. Nada mais pode escondê-la e o retorno de falsos pudores de ordem moral apenas degrada mais um pouco a careta de sua hipocrisia.

Quando os missionários da extrema direita e além mandam os missionários do Conselho de Estado em missão, designando como ultrajante nada mais que uma ficção filmada, mal intitulada *Me come* [*Baise moi*], ou ainda proibindo a livre utilização de uma pílula que devolve a força à juventude, reconhece-se a máscara da velha morte e a obscenidade da tradição, espantalho que sempre foi sempre prostrado contra a liberdade.

Julho de 2000

Grupo de Paris do Movimento surrealista: Aurélien Dauguet, Guy Girard, Sabine Levallois, Marie-Dominique Massoni, Bertrand Schmitt, Michel Zimbacca.

No verão de 2000, Virginie Despentes, jovem autora de sucesso, da linhagem realista sórdida de Bukowski, apresentou um filme baseado em seu romance Me come [Baise moi]*: para nós nada excitante, aliás muito pelo contrário; no entanto, que a velha censura pretenda aproveitar qualquer oportunidade para colocar suas asinhas de fora, isso nos é insuportável. Ao que parece, este texto circulou somente na Internet.*

A REVOLUÇÃO SURREALISTA É SOLÚVEL NA CERA DOS MUSEUS?

Como era de se esperar, a exposição "A Revolução Surrealista", que acaba de fechar as portas no Centre Beaubourg[136], despertou a desconfiança dos surrealistas — isto é, dos poucos teimosos, jovens e não tão jovens, que continuam a reivindicar uma aventura nascida em 1924.

Para além dos limites próprios desta exposição enquanto tal, a própria tentativa de encerrar um movimento com vocação subversiva nas quatro paredes da instituição museológica suscitou dissensões. É certo que as obras colecionadas são extraordinárias mas, penduradas uma após a outra nas paredes do Beaubourg, irresistivelmente elas fazem pensar nas borboletas do colecionador afixadas atrás de um vidro: não é a cor que falta, mas há uma grave ausência de vida e movimento...

A isso se soma a tendência dos organizadores — ou de alguns deles — de evacuar qualquer dimensão revolucionária da "Revolução Surrealista", a reduzindo a um empreendimento plástico "moderno". Isso é particularmente notável no folheto distribuído gratuitamente aos visitantes, que afirma, dentre outras coisas:

> *Naturalmente, hoje estas obras perderam um pouco de sua estranheza, já que os postulados surrealistas contribuíram com a fundação de nosso modo de percepção e argumentação. Na verdade, as instalações, videoclipes, filmes, publicidades e ou-*

[136] N. do t: Nome alternativo para o Centre Pompidou, o qual faz referência ao bairro onde se encontra o museu, dispensando assim o uso do sobrenome do presidente Georges Pompidou.

tros malabarismos interativos de hoje seriam impensáveis sem a contaminação de significado e imagem praticada outrora pelos surrealistas.

Qualquer referência ao engajamento político dos surrealistas está cuidadosamente ausente deste documento asséptico, o qual limita-se, num eufemismo de uma banalidade impressionante, ao fato de que *o movimento surrealista pretendia participar ativamente da organização da sociedade*. Na verdade, como o sabe qualquer leitor minimamente atento dos *Manifestos do surrealismo*, o objetivo do movimento não era de forma alguma participar da organização de uma *sociedade que ele rejeitava*, mas, inseparavelmente, transformar o mundo (Marx) e mudar a vida (Rimbaud)[137].

Grande parte do folheto é dedicada a listar os múltiplos meios técnicos usados pelos pintores surrealistas, *baseando a legitimidade de sua abordagem artística na novidade das técnicas*. Não poderíamos resumir de maneira melhor tudo o que separa o estetismo do surrealismo.

Em reação a este documento, certas "más companhias", que se pode presumir que tenham ligações com o grupo parisiense do Movimento surrealista — isto é, aqueles que, em torno de Vincent Bounoure, recusaram a dissolução do grupo em 1969 — dedicaram-se a uma operação de desvio do protocolo. Eles imprimiram algumas centenas de cópias de uma versão adulterada do folheto, no mesmo formato, com o mesmo título e tipologia, as quais foram depositadas discretamente nos suportes da exposição.

Felizmente, o novo texto vai de encontro ao primeiro. Por exemplo:

---

[137] N. do t.: Cf. nota 32.

Quaisquer que sejam as mercadorias culturais e outros malabarismos interativos que estejam sendo feitos hoje, é grotesco vê-los como a culminação de um movimento revolucionário que nunca definiu seus objetivos de acordo com a atividade estética de seus poetas ou seus pintores mas, sim, de acordo com a demanda de liberdade e a imaginação subversiva, ambas exaltadas para acabar com a dominação capitalista.

Este documento "não oficial", *contrabandeado dos canteiros do convento*, como diria Georges Brassens[138], é embelezado por ilustrações de artistas esquecidos pela exposição — como Toyen ou Leonora Carrington[139], ausências emblemáticas no que diz respeito à baixa presença feminina e à quase total ausência do surrealismo checo — e de imagens provocativas da história do surrealismo, como a famosa foto publicada no número 8 (1926) de *La Révolution surréaliste* (a revista): "Nosso colaborador Benjamin Péret insultando um padre". Por fim, o verso do folheto reproduz um texto do grupo parisiense do Movimento surrealista, publicado em 1993 no jornal antifascista Ras l'Front[140], mas que parece datar da primavera de 2002:

As últimas eleições novamente demonstraram:

[138] N. do t.: Referência à canção "La Marguerite" ["Margarida"], do cantor e compositor francês Georges Brassens (1921-1981).
[139] N. do t.: Sobre sobre Toyen e Leonora Carrington, cf. respectivamente *A sonâmbula*, de André Breton, publicado na coluna A Fresta do dia 16 de junho de 2021 e disponível em: < https://www.sobinfluencia.com/post/a-son%C3%A2mbula >, acesso em 14 de fevereiro de 2022; e a *Entrevista com Leonora Carrington*, publicada na coluna *A Fresta* em 13 de janeiro de 2021, no site da editora sobinfluencia, disponível em: < https://www.sobinfluencia.com/post/entrevista-com-leonora-carrington >, acesso em 21 de fevereiro de 2022.
[140] N. do t.: Cf. panfleto "Convites", p. 90.

apesar de sua falta de representação parlamentar a extrema-direita se instalou de forma duradoura tanto na cena política quanto na vida cotidiana. (...) Cronicamente mantidos pelas mídias, o racismo, a xenofobia, a nostalgia de um chefe providencial e o culto à abominável trindade "trabalho, família e propriedade" prosperam na negação da utopia e do desejo de revolução. (...) A luta empreendida pela erradicação definitiva do fascismo, e sobretudo daquilo que o gera, implica antes de mais nada uma reapropriação da dinâmica imaginativa do corpo social, dedicado à reativação do mito libertário.

Esta batalha de folhetos teve um terceiro episódio. Feridos pelas críticas dos surrealistas, os organizadores da exposição no Beaubourg — ou alguns deles — se sentiram compelidos a revisar seu panfleto, retirando de circulação sua primeira versão. Nas últimas semanas da exposição ele foi substituído por outro documento, desta vez bilíngue (inglês/francês) e muito mais revigorante, do qual seguem alguns excertos:

Nunca no século 20 um bando de jovens raivosos teve ambições tão elevadas e vastas: libertar o homem, libertar a arte. (...) Revolta, revolução, provocação, profanação: são palavras-chave comuns a todos os surrealistas. (...) Revistas de conteúdo revolucionário, panfletos, escândalos permanentes, os surrealistas agem, vituperam, denunciam sucessivamente a família, a Igreja, a pátria, o exército e o colonialismo.

Certamente, a partir de certas formulações imprecisas ou desajeitadas — *esta exposição revela como o surrealismo está atualmente pareado com a arte contemporânea* — facilmente percebemos que aspectos essenciais do surrealismo continuam a escapar-lhes — mas é óbvio que os autores desta segunda versão "oficial" meditaram sobre a lição dada pela pequena provocação/mistificação dos surrealistas do ano 2002.

Moral da história: o surrealismo não é uma escola literária, tampouco uma escola de pintura; menos ainda, como anotava a primeira versão do folheto, citando críticas ao movimento, uma *literatura na pintura*. É, antes, como tão bem compreendeu Walter Benjamin em seu ensaio de 1929 sobre o surrealismo, uma "iluminação profana", inspirada por uma ideia radical de liberdade, e visando nada menos do que *mobilizar para a revolução as energias da embriaguez*[141].

Talvez por isso — cito agora o folheto oficial — "se aceitarmos conferir-lhe a devida atenção ele seja capaz de preservar até hoje suas virtudes desestabilizadoras".

Primavera de 2002
Michael Löwy

Este texto foi publicado no jornal Le Monde, *na primavera de 2002, sob o título* O surrealismo não está morto, exceto em Beaubourg; *e posteriormente, em tradução para o checo, no número 36 da revista Analogon. No que diz respeito às suas intenções, a grande retrospectiva montada no Centre Pompidou para apresentar os aspectos artísticos — e só estes — dos primeiros vinte anos do surrealismo só poderia, obviamente, desagradar-nos, tanto pelos seus descuidos (quanto a mulheres surrealistas, por exemplo), quanto pela supervalorização de certos artistas (como Dalí) em detrimento de outros, assim*

[141] N. do t.: Tradução por Sergio Paulo Rouanet extraída do texto "O surrealismo. O último instantâneo da inteligência europeia", contido no volume *Obras escolhidas I: magia e técnica, arte e política* (Brasiliense, 1985).

como pela pouca atenção dada à dimensão internacional e internacionalista do surrealismo. Mais uma vez é assim provado que uma exposição sobre o surrealismo só pode ser feita pelos próprios surrealistas e, sobretudo, jamais por funcionários do Ministério da Cultura!

Antony Earnshaw

PORTÕES DO INFERNO[142]

Este mundo está mais *real* do que nunca. Um real absoluto e definitivo. Um real que tenta impedir e reprimir qualquer fuga, que traduz qualquer perspectiva de horizonte em gráficos de crescimento e estatísticas de segurança. Sirenes de alarme soam em todos os andares da vida, controle de identidade de máscaras usando máscaras sem rosto, coleta de dados e usinagem das fantasias, aerodinâmica do código genético, zapear sonolento de efemérides às margens do sono. Um mundo de realidades quantificadas cujo número só aumenta. Manipulando, por sua vez, e às vezes ao mesmo tempo, as fontes do idílico e do desastroso, fica a cargo do imaginário "formatado" à medida do real a tarefa de preparar as mentes para catástrofes iminentes que, longe de dominá-lo, vão dar-lhe novas razões para perpetuar-se, ao se mostrar como a muralha indispensável à barbárie e ao caos, dos quais ele é apenas o sinistro reverso. Não há desastre mais terrível do que o fato desse real impor-se em detrimento de todas as possibilidades e do que esta sobrevivência na qual cada ser suprime sua singularidade em prol do valor de troca. Então, para além da confusão monótona da bolsa e da polícia, será que não há lugar para a troca de outras vozes e outros objetos de desejo e para serem imaginadas, sobretudo correndo o risco de perder tudo, outras implicações relacionadas ao fato desolador e esplêndido que é viver?

[142] N. do t.: A "Barrière d'enfer" é uma espécie de portal da cidade de Paris, próximo à rue d'Enfer [rua do Inferno].

Para nós é uma questão de opor a esse real menos a imaginação — muitas vezes invocada de modo mecânico — e mais uma verdadeira experiência coletiva, da qual o alcance onírico continua sendo parte essencial. Pois o sonho não é apenas uma aventura concreta que nos prepara, todas as noites, para o que vamos viver — sua cristalização no sonho ou na utopia — mas é hoje a única parte de nossa vida onde todos podemos experienciar o tempo qualitativo.

A realidade está à mercê do tédio imposto em "tempo real"; e de repente o olhar se distrai. Ao invés desta prisão, seremos os sonhadores e observadores de qual tempestade?

Contra um universo que produz por encomenda cada vez mais *realidade* — isto é, mais espetáculo, mais substitutos virtuais, mais fantasias objetivadas para melhor dessubjetivizar nosso imaginário, mais submissão ou terror religioso, trocando em miúdos, mais policiais —, só a emancipação do imaginário permite o surgimento de formas de vida em ruptura. Formas de vida deliberada e raivosamente fora *deste mundo*, que ganham sua força na não-participação, na deserção, na desobediência, na abstenção à todas as insanidades às quais somos convocados pelas instituições, no poder do *não* de Bartleby, na leveza evasiva de Pena[143]. As armas nos são oferecidas em toda maravilha de seu gume: humor negro, diversão, mistificação, humor objetivo[144]; a poesia em todo

---

143 N. do t.: Pena, em francês "Plume", é um personagem criado por Henri Michaux, o qual protagoniza as aventuras do livro *Um certo Pena* [*Un certain Plume*], publicado em 1930 pelas Éditions du Carrefour e, até onde temos notícia, ainda inédito em português.

144 N. do t.: Noção elaborada por Hegel em 1831 nos seus *Cursos de estética*. Cf. o extenso estudo *L'humour objectif* (Editions Publibook, 2008), de Marie J. A. Colombet. Segundo Colombet, esta noção propõe a "síntese da imitação da natureza em suas formas acidentais por um lado, e do capricho e do arbitrário por outro". Assim é criada a

o excesso de seus gestos e de suas palavras; o jogo que abre uma fresta na vida cotidiana e inaugura o desenvolvimento de uma linguagem comum e a implementação de uma prática coletiva real, a um só tempo ética e arriscada.

A experiência poética, a comunhão do desejo e do pensamento, o recurso à utopia: só meios encantados conseguirão reencantar um mundo entregue aos cálculos mais sórdidos. Foi por ignorá-los deliberadamente que uma certa crítica radical faliu. Hoje, não muito longe de nós, reconhecemo-nos nessas revoltas que se afirmam contra a asfixia da monocromia: em Seattle, Praga, Göteborg, Gênova, Chiapas, Argentina, etc. Estes breves momentos de festa, que inflamam seus mais violentos embates nas manifestações contra as reuniões de cúpula, assim como as lutas onde tenta-se a dialética do negativo, são explosões de um possível que nunca terminaremos de inventar.

É preciso lembrar que o surrealismo nunca foi concebido como uma vanguarda mas, sim, vivido como o projeto de uma civilização passionalmente outra.

18 de outubro de 2002
Grupo de Paris do movimento surrealista

Esta declaração coletiva foi publicada na quarta edição da nossa revista S.U.RR. na primavera de 2003.

noção do sujeito que deve dar livre curso à sua imaginação. Breton, por sua vez, aproxima sob o gênero de "humor objetivo os *Cantos de Maldoror* e o poema *Sonho* de Rimbaud — ambos anunciando o automatismo psíquico — da fábula *A lagosta e a lata de corned-beef*, de [Alfred] Jarry".

O DEDO DURO DA HISTÓRIA

Se os refugiados políticos italianos do movimento ocorrido nos anos 1970 tiveram a oportunidade de viver livremente na França sob os vários governos de Mitterrand[145] e depois sob o primeiro mandato de sete anos de Jacques Chirac[146], certamente não é, como suspeitamos, porque esses governos de alguma forma simpatizavam com os referidos refugiados. Cabe lembrar que isso se deu simplesmente pois as condições para o exercício do direito e da justiça na Itália eram as de um estado de exceção permanente, incompatível com as regras do direito público ainda em vigor na França na época: a lei sobre o arrependimento, a lei Reale de prisão preventiva estendida por até dez anos, etc.

Mas o que está acontecendo hoje?

No momento em que o Estado francês prende Cesare Battisti[147] com o objetivo de extraditá-lo, o Estado italiano solta os autores do atentado da Piazza Fontana[148], encomen-

---

[145] N. do t.: Presidente da França de 1981 a 1995 pelo Parti Socialiste [Partido Socialista], espécie de PDT francês.

[146] N. do t.: Cf. nota 122.

[147] N. do t.: Militante italiano de extrema-esquerda, ex-membro do Proletari Armati per il Comunismo [Proletários Armados pelo Comunismo]. Esteve refugiado no Brasil de 2007 a 2018, quando o então ministro do STF Luiz Fux expediu uma ordem de prisão contra ele. Cesare Battisti foi capturado em 13 de janeiro de 2019 na Bolívia, sendo então extraditado para a Itália. Atualmente, encontra-se encarcerado em Ferrara.

[148] N. do t.: Ação terrorista ocorrida na Piazza Fontana, em Milão, em 12 de dezembro de 1969, a qual consistiu na explosão de uma bomba na sede Banco Nacional da Agricultura, incorrendo em 17 mortos e 88 feridos. Até hoje há controvérsias quanto à autoria do atentado.

dado por grupos de extrema direita, como a própria justiça italiana acabou reconhecendo depois de muitos anos.

Enquanto isso, assistimos a um verdadeiro revisionismo histórico, que vem se espalhando pelas colunas da imprensa italiana, chegando a algumas tribunas francesas. A partir desta perspectiva revisionista, Cesare Battisti e outros ativistas foram julgados sob condições normais de exercício da Justiça. Os autores destes artigos, muitas vezes de esquerda, questionam a validade da recusa previamente notificada pelo Estado francês de proceder às extradições em nome das supostas garantias atuais dadas pela justiça italiana. No entanto, as leis de exceção ainda estão em vigor na Itália e as sentenças proferidas de acordo com essas leis não foram de forma alguma revisadas. Além disso, essas pessoas negam escandalosamente que tenha havido qualquer situação revolucionária na Itália nos anos que se seguiram a maio de 1968, precisamente quando através de greves selvagens, ocupações de fábricas, motins e boicotes vinha se desenvolvendo no país o movimento operário extraparlamentar e extra-sindical mais radical da Europa. É a partir deste pesadelo que assombrava as noites da burguesia italiana e também da burocracia do partido stalinista que a classe política italiana atual busca vingar-se, comungando numa mesma abjeção que vai de Berlusconi[149] a Massimo d'Alema[150]. Ao passo que até agora, em todas as outras situações históricas desse tipo, os estados haviam conferido anistia aos condenados.

É muito simples acreditar que a atual crise é unicamente fruto deste ou daquele chefe de estado. Berlusconi, um fan-

[149] N. do t.: Primeiro-ministro italiano de 1994 a 1995, de 2001 a 2006 e de 2008 a 2011, sempre por partidos de centro-direita.

[150] N. do t.: Primeiro-ministro italiano de 1998 a 2000, primeiro e único a ser eleito pelo Partito Comunista Italiano [Partido Comunista Italiano].

toche da mídia, é apenas a versão farsesca do inoxidável capo mafioso Andreotti[151] adaptada à dominação midiática moderna. Andreotti governou a Itália orquestrando uma estratégia de tensão, concebida no projeto Gladio de luta contra a subversão social durante o período que os jornalistas denominaram "os anos de chumbo". Além disso, o paradigma de uma fascistização progressiva é inoperante para dar conta da situação atual nesta área, tanto na França quanto na Itália. Longe de testemunhar qualquer fascistização local do Estado italiano, hoje vemos em toda Europa o estabelecimento de um controle policial generalizado da sociedade, que tem suas raízes na tradição do estado de exceção que, como Giorgio Agamben[152] demonstrou recentemente, é historicamente específico das democracias e marca uma aporia constitutiva. Esse estado de exceção generalizado, que está se tornando regra, não precisa, como no fascismo, suspender a liberdade de imprensa ou dos partidos políticos. Em sua forma latente, ele se contenta em catalogar toda uma população já condicionada pela mídia, com o objetivo de gerir as consequências inevitáveis das previsíveis disfunções do sistema, antes de ter que se exercer de forma manifesta. Enquanto isso, trata "cirurgicamente", e através de medidas cada vez mais policialescas, situações e elementos que atrapalham o bom andamento dos negócios. Cesare Battisti, depois de Paolo Persichetti[153], está servindo de cobaia para posteriormente colocar-se em

[151] N. do t.: Primeiro-Ministro italiano de 1989 a 1992, eleito pelo partido Democrazia Cristiana [Democracia Cristã].

[152] N. do t.: Filósofo italiano autor de uma vasta obra amplamente traduzida no Brasil.

[153] N. do t.: Militante italiano de extrema-esquerda, ex-membro da Brigate Rosse-Unione dei Comunisti Combattenti [Brigada Vermelha-União dos Combatentes Comunistas].

funcionamento esse tratamento cirúrgico. São estas as experiências as quais devemos por fim a partir de hoje.

Grupo de Paris do Movimento surrealista

Este texto foi publicado em abril de 2004 no primeiro número de Dédula, *uma publicação de quatro páginas abordando atualidades e concebida como um suplemento à revista S.U.RR.. Pareceu-nos então necessário denunciar as ameaças de extradição para o seu país de origem que visavam os refugiados políticos italianos, cuja maior parte conhecíamos mais ou menos bem. Essas ameaças que refletem o reforço insidioso das práticas de vigilância e de controle policial nos estados ditos democráticos.*

SINAL DE ALERTA

Ao longo de três semanas, nos guetos das periferias pobres — eufemisticamente chamados de comunidades ou bairros frágeis —, assim como na periferia da periferia, milhares de carros foram queimados, instalações públicas foram devastadas e delegacias foram deliberadamente atacadas. A faísca que acendeu a pólvora foi a morte absurda de dois adolescentes tomados de insegurança diante do comportamento habitual da polícia, o que não é uma novidade: no passado foram cometidos erros tão graves quanto este, inclusive muito melhor caracterizados e aos quais quase sempre se respondeu com vandalismo e pilhagens, atos que, contudo, permaneceram localizados. Também não há nada de novo quanto aos métodos empregados ou aos objetivos pretendidos: há vários anos, em particular na Alsácia, carros foram incendiados na virada de ano ou durante as mais obscuras comemorações; e já faz muito tempo que estabelecimentos de ensino são vandalizados por alunos que abandonaram a escola, ônibus e carros da polícia são apedrejados e passageiros dos transportes públicos são roubados. A novidade hoje é a extensão imediata de sua violência, sua rápida propagação e a contaminação no interior do estados, configurando-se como algo além de um movimento espontâneo e não premeditado.

Trata-se de um movimento sem reivindicações explícitas, salvo a renúncia de um Ministro do Interior desqualificado por seus pronunciamentos e desprezado por seus superiores, como todos bem sabem; movimento impossível de ser reduzido a uma reivindicação étnica ou racial, pois ainda que os manifestantes sejam em sua maioria de origem norte-africana ou africana, há também asiáticos e franceses envolvidos; movimento irredutível à juventude, já que, ao contrário do que ocorreu em maio de 1968, nas manifestações contra a CIP[154] em 1994 ou no recente movimento do ensino médio na primavera passada, a maioria dos jovens não associou-se a ele; movimento sem espírito ou consciência de classe, algo típico dos levantes plebeus que borram as distinções convencionais; movimento de "revolta lógica" diante da miséria permanente e da humilhação cotidiana, porém um movimento sem estratégia, deveras inclinado a contemplar-se nas telas da televisão, tirando sua força efêmera da cobertura midiática que lhe é dada, e dependendo assim da autocensura de informações a qual recorrem para evitar o "efeito Teleton"[155]. Entretanto, um movimento mais ludista[156] do que lúdico, alimentando-se de fontes de desespero real, mas destituído de utopia neste horizonte delimitado por grades e torres.

Um movimento incompreensível para sociólogos, jornalistas e até para alguns dos próprios revolucionários, pois resiste às chaves bem lubrificadas com que se costuma explicar os movimentos sociais: nem a análise sociológica, nem o estudo da composição de classe conseguem identificar sua especificidade. Pois estes motins são os de uma plebe não identificável, de corpos rebeldes cuja existência foi reduzida

[154] N. do t.: Sigla de *Contrat d'insertion professionnelle* ("Contrato de inserção profissional"), espécie de estatuto do jovem-aprendiz, que foi motivo de polêmicas na França em 1994.

[155] N. do t.: Isto é, a espetacularização de uma causa e sua transformação em entretenimento.

[156] N. do t.: Referência aos ludistas ingleses, liderados por Ned Ludd no início do século XIX, cuja ação consistia principalmente em quebrar as máquinas têxteis com as quais trabalhavam.

à vida nua e que ainda não encontraram outra linguagem senão a dos gestos destrutivos.

É bom não nos iludirmos, pois muitos de seus atores são odiosos em sua vida cotidiana e alguns deles certamente não seriam nossos amigos: imbecilizados pela religião, alienados pelo consumo autorizado, seguidores de valores viris, comungando com os senhores da sociedade na imbecilidade do culto ao esporte — alguns motins foram suspensos durante uma partida de futebol transmitida pela televisão —, muitas vezes com um comportamento abjeto com relação às mulheres, cuja ausência nos protestos sinaliza a inaceitável limitação deste movimento. É a sua revolta que, apesar deles, é notável. Por meio de suas próprias contradições, representam a face sombria e vingativa do inconsciente social por muito tempo reprimido, como um dia as classes perigosas[157] representaram. Mas sob a pena de mergulhar ainda mais amargamente de volta em sua miséria, será preciso que aprendam as lições da experiência para obterem clareza: por ora já perceberam o papel repressivo dos imãs[158] e do Islã, um simples auxiliar da polícia, como qualquer religião; resta-lhes se livrarem de todas as formas de moralidade puritana e viril, de modo que as mulheres participem ativa e igualmente, como as operárias da Comuna, de qualquer combate futuro; devem também acabar com a rivalidade estúpida entre ban-

[157] N. do t.: Expressão surgida no século XIX para designar um grupo social à margem da sociedade civil, a princípio constituído por sujeitos que praticavam a delinquência como forma de sobrevivência. Segundo Karl Marx esta classe compreendia os trabalhadores que naquela primeira metade do século XIX ainda não haviam sido incorporados às novas relações de produção.

[158] N. do t.: Sacerdote islâmico, responsável com conduzir as orações na mesquita.

dos, que os prende ao seu território e lhes priva de mobilidade ofensiva; finalmente, terão de aprender a escolher alvos mais diretamente políticos.

Numa sociedade onde todas as formas anteriores de pertencimento e, portanto, de consciência a elas associadas, foram transmutadas, estes eventos testemunham o retorno eruptivo e incontrolável da questão social, num primeiro momento de forma imediatamente negativa, simbolizada pelo fogo, emblema de todos os apocalipses.

Certamente, ao contrário dos distúrbios de Los Angeles em 1965 e 1992[159], a população dos bairros não juntou-se em massa aos manifestantes; e ao contrário de maio de 1968, a poesia e a inteligência não estavam nas barricadas, e nenhuma greve selvagem se espalhou graças a estas manifestações. Mas as classes dirigentes sentiram seus pés queimarem e tiveram de tirar suas máscaras. Uma democracia que, para fazer face a um movimento quantitativamente limitado pelo número de participantes, é obrigada a reeditar uma antiga lei colonial, só revela a sua impostura constitutiva: a medida em que a polícia abusa de seus poderes, o estado de exceção dá a seus abusos a legitimidade de que eles careciam; e o que costumava ser chamado de "liberdade individual" agora é chamado de poder policial irrestrito. Em todo caso, o que os flashes dos sinais de alerta que se acenderam naquelas noites de novembro desenham é o retorno de uma possibilidade que parecia perdida: a de colocar o poder em pânico, mesmo que estas forças sejam assediadas por uma ordem dispersa, espalhando-se no conjunto dos territórios por punhados de esquecidos. A partir

[159] N. do t.: Referência aos Tumultos de Watts (1965) e aos Distúrbios de Los Angeles (1992), ambas revoltas disparadas por episódios de violência policial contra negros.

disso podemos, portanto, imaginar o poder de uma revolta na qual tomasse parte, além dos habitantes dos guetos, uma população inteira, cada vez mais empobrecida, e que travaria uma guerra civil contra os próprios órgãos do capital e do Estado. Além das recentes labaredas apresentadas como a própria imagem do pesadelo, é hora do renascimento de um sonho concreto de utopia.

Paris, 30 de novembro de 2005
Grupo de Paris do Movimento surrealista

No outono de 2005 ao longo de várias noites inflamaram-se motins na periferia parisiense e outras periferias pobres da maioria das cidades francesas. Configurando-se como motins de desordem e desespero, haveria aí uma crítica lúcida da miséria, para além da expressão da negatividade marcando vidas entregues somente às seduções da mercadoria? Enquanto nos círculos de extrema esquerda ou libertários estes eventos muitas vezes vinham sendo analisados com algum otimismo, parecia-nos, pelo contrário, necessário que nos preocupássemos com a falta de utopia dessas revoltas, e que questionássemos tal situação, da qual a imaginação concreta está ausente. Este texto foi publicado no Le Monde libertaire em dezembro de 2005 e no site da revista Multitudes/samizdat. Além disso, foi traduzido para o inglês e publicado nos sites Interactivist.info.exchange e Flying Stones and Surreallist Movement – EUA.

QUANDO IREMOS ATÉ ONDE?

Não, a tirania globalizada do capitalismo não é uma fatalidade. Não, seus novos procedimentos para sufocar qualquer revolta e conduzir os acorrentados de hoje e de amanhã a sonhos religiosos miseráveis não passarão. Se os sinais de alerta das periferias francesas perfuraram o outono de 2005, apesar da violência dos andróides a serviço da classe dominante, desde fevereiro de 2006 os céus tremem com gritos, fogos e jogos. Estes alunos do ensino médio não se esqueceram de nada enquanto corriam pelas ruas e jogando "quem ganha, perde"[160] com os homens do governo: não se esqueceram nem das greves de dez anos atrás e nem das marchas dos desempregados e trabalhadores precários que cruzaram a Europa, nem de Seattle ou Gênova, nem da formidável insurreição argentina. Para quem não quis reconhecer ali sua própria revolta, deve ter parecido que estes movimentos foram arrastados no turbilhão da insignificância que toma o lugar da história imediata.

O legislador pensou que estava tranquilo e, julgando aqueles cérebros como deveras estúpidos, propôs uma lei da qual um artigo, tão vil como os demais, relativo aos contratos de primeiro emprego, desencadeou uma revolta nas universidades. Eis que chegou a vez dos colégios e das administrações, e a classe trabalhadora então mostrou que ainda existia, ainda que ninguém mais falasse nela. Além da exigência úni-

[160] N. do t.: Também conhecido como antixadrez ou xadrez suicida, trata-se de um jogo de xadrez ao contrário: com algumas exceções, aplicam as regras do xadrez convencional, porém o objetivo geral é perder as peças para o adversário e assim vencer o jogo.

ca e obstinada de revogar a medida ignóbil que visava fazer da juventude uma massa de gente precarizada e carimbada, tornou-se tangível todo o horror da exploração e da colonização das mentes pelo capitalismo. Não há mais iscas. Não, a revogação do artigo da lei não basta. Teremos de continuar com a afronta: "Quem semeia miséria colhe ira!". O imaginário jorra e tende a transformar o real[161]. No entanto, ele permanece frágil. Antes de animar uma nova utopia, o imaginário revive, apesar de tudo, toda uma memória de lutas, refratária à erosão causada pelas banalidades do quotidiano, jogando com os ecos dos tempos de greve e de tantos sonhos. Sim, diante da repressão, devemos inventar formas mais divertidas de bloquear a economia e que não sejam legalmente condenáveis. Humor e escárnio também são "armas brancas".

Certamente a convocação de uma greve geral, lançada de imediato pelos mais radicais, não se fez ouvir de modo mais amplo do que durante as greves da primavera de 2003. Esta convocação não foi capaz de cruzar a dupla muralha da interferência midiática ou sindical, e das ilusões que dão ao curso aparente dos eventos o poder de tomar o lugar da realidade. Mas a vida real está no horizonte das palavras, subversões e risos que sempre buscam seu ponto de incandescência. "Sonho geral!"[162]. A aliança com as lutas de refugiados no interior francês demorou muito para ser estabelecida, mas foi. Mais um passo e acontecerá o mesmo no interior da América. O vento da revolta está soprando em todo o planeta. Inversa-

---

[161] N. do t.: Frase que ecoa a afirmação de André Breton de que "o imaginário é aquilo que tende a tornar-se real" e que se encontra no texto "Será uma vez" ["Il y aura une fois"], o qual abre o volume *O revólver de cabelos brancos* (Éditions Cahier Libres, 1932).

[162] N. do t.: Jogo de palavras com "greve geral", uma vez que em francês "grève" ("greve") está a uma consoante de distância de "rêve" ("sonho").

mente, através de uma inundação incessante de imagens e de sua fascinante circulação, mantém-se a pseudo-necessidade de filiações nacionais, religiosas, étnicas, sexuais, esportivas, mas sempre mercantis. Com a consciência desta miséria e a liberdade de pensar e agir com paixão, existe a possibilidade de imaginar que o capitalismo não é o ponto final da história.

Ainda hoje temos de nos livrar de ideias e desejos que, longe de transmutar a realidade, reduzem-na a dimensões virtuais calibradas pela submissão ao imaginário da mercadoria. Quem ainda acredita no valor moral do trabalho, legado envenenado do cristianismo ao pensamento socialista? Quem ainda há de contentar-se com discursos falaciosos sobre o crescimento, que sempre retornam com o mito avassalador do progresso, livrando-o de qualquer inclinação humanista? Se, apesar de tudo, esta primavera é bonita, é porque terá ajudado a arruinar estas propagandas cruéis.

Mas vai ser ainda mais bonito quando uma nova mobilização impor a rejeição da lei segundo a qual um trabalhador estrangeiro seria doravante aceitável apenas caso estivesse munido de diplomas, do contrário tendo de viver de bicos na clandestinidade, sujeito à boa-vontade dos patrões e da polícia. A falta de solidariedade entre aquelas e aqueles que, de uma forma ou de outra, estão ou serão submetidos ao trabalho precário, apenas renova as divisões impostas. Desobediência civil!

Maltratada e fragmentada ao acaso por alienações e circunstâncias nem um pouco sonhadoras, a questão social não terá chance de ser resolvida a menos que seja colocada da mais ampla e inaudita maneira. Todos os poderes mágicos que a poesia tem à sua disposição e que ela oferece àqueles que, com Georges Henein[163], reconhecem que a utopia é "a propensão natural do ser para atualizar o impossível", serão então revividos, pois ela é "ruptura com todos os preceitos educacionais que garantem a acomodação do entendimento e a regulamentação da atividade prática".

Paris, 25 de abril de 2006

Os membros do grupo de Paris do Movimento surrealista e os alquimistas da rua Pernelle: Michèle Bachelet, Marie Baudet, André Bernard, Anny Bonnin, Aurélien Dauguet, Hervé Delabarre, Guy Girard, Jean-Pierre Guillon, Laurent Hoeffner, Michael Löwy, Laurenzo Massoni, Marie-Dominique Massoni, Jean-Jacques Méric, Bruno Montpied, Dominique Paul, Pierre-André Sauvageot, Bertrand Schmitt, Jean Terrossian, Michel Zimbacca,

seus vizinhos:

Alfredo Fernandes, Jimmy Gladiator, Fabrice Pascaud, Gérard Vidal

e seus amigos com visto temporário.

[163] N. do t.: Georges Henein (1914 - 1973), surrealista egípcio que além de lutar arduamente contra o fascismo é autor de uma intensa obra poética, reunida e publicada pela editora Denoël em 2006.

Na primavera de 2006 a cólera dos estudantes universitários e secundaristas diante do C.P.E.[164]*, traduzindo-se em greves e ocupações universitárias, parecia ser capaz de levar a um movimento social maior. De março a abril, os protestos reuniram centenas de milhares de pessoas. Este panfleto foi distribuído nas manifestações de 29 de abril e 1 de maio. Seu título repete uma pergunta escrita num banner levado por um grupo de secundaristas, que dá título a canção do cantor e compositor Renaud*[165]*. Este texto foi posteriormente publicado no* Le Monde libertaire, *na revista Analogon e no blog* Arcane 17.

[164] N. do t.: Sigla "para Contrat de première embauche" ["Contrato de primeiro emprego"], tipo de contrato de trabalho previsto pelo artigo 8 da "Loi pour l'égalité des chances" ["Lei para igualdade de chances"], de caráter precarizante. Apesar do seu título, esta lei previa que qualquer assalariado poderia ser contratado de acordo com as especificações aí definidas, mesmo que não estivesse sendo contratado pela primeira vez.

[165] N. do t.: Não confundir com Roger Renaud (1947), membro do grupo surrealista de Paris e autor de, dentre outros, *Eu, nós, feridos*, Cf. nota 22.

PARA ACABAR COM O ESPECTRO DE DEUS

Em todos os países economicamente desenvolvidos, depois da Segunda Guerra Mundial a religião, e particularmente o catolicismo apostólico romano, teve de limitar suas pretensões seculares de dirigir tanto a vida dos homens em sua interioridade quanto a sua sexualidade e sua existência social e moral. Era assim que grande parte da humanidade colhia os frutos das longas lutas anti-cristãs do século XVIII iniciadas pela burguesia e retomadas com um vigor ainda maior pelo movimento operário. Dentre estes frutos, encontram-se a laicização da sociedade e o rebaixamento da religião à esfera da vida privada, sendo esta uma das mais preciosas heranças deixadas por estas lutas. Respirava-se então um ar cada vez mais salubre à medida que a ancestral corrente messiânica que havia atravessado a religião cristã se ausentou totalmente das igrejas e, abandonando a transcendência, passou a irrigar todas as correntes utópicas dos anos 1960, hoje tão odiadas pelos defensores da ordem dominante. Além disso, o sistema de recrutamento do imaginário, que tinha sido monopólio do Cristianismo por mais de um milênio, foi amplamente superado em seus meios e métodos pela sociedade do espetáculo que então se estabelecia. Porém o espetáculo, que nada mais é do que a realização profana da religião, teve o cuidado de não completar seu trabalho de ir além desta última: ao invés de suprimir a religião, manteve-a incluída em seu repertório como um drama histórico. É esse drama que hoje ele novamente coloca em cena.

Com a queda da burocracia stalinista no Oriente, acompanhada pelo colapso das ideologias revolucionárias, que tanto serviram para manter o equilíbrio do sistema social, o capitalismo se viu sozinho diante de si mesmo, no beco sem saída de seu próprio sucesso. Quanto mais unifica o planeta graças à penetração frenética da mercadoria, mais divisões falsas se fazem necessárias para desviar aqueles aos quais ele explora, devastando seu projeto de enfrentá-lo diretamente. Claro, o capitalismo não cria essas divisões do nada, e aqui não há necessidade de uma teoria da conspiração para explicar tal processo; é o seu próprio movimento histórico — mesmo em seus erros, é claro, como aquele constituído pelo fortalecimento do islamismo radical como modo de enfraquecer o capitalismo de estado soviético — o qual utiliza e amplifica as divisões raciais, éticas, sexuais, religiosas e sociais pré-existentes. É por isso que hoje estamos testemunhando o despertar artificial de velhos antagonismos, historicamente encerrados, entre um cristianismo e um islamismo que mantiveram de seu antigo poder apenas o núcleo ideológico da religião e alguns rituais congelados, que garantem uma maior ou menor subjugação de mentes e corpos, especialmente ali onde os religiosos podem apoiar-se no braço secular. Alguns acreditam estarem descobrindo um choque de civilizações (sendo que atualmente só existe no planeta uma mesma barbárie de hambúrguer e telefone celular); os demais, representantes de uma frustrada pequena burguesia muçulmana que gostaria de comer sua fatia do bolo capitalista, acreditam estarem vivendo um remake das Cruzadas. Além desse sinistro jogo de tolos, há o confronto reativado entre a democracia ocidental e o totalitarismo, que fez o sistema funcionar tão bem por mais de meio século. Acrescentemos, no entanto, que ao sublinhar todas essas falsas oposições, não estamos traçando um sinal de uma equivalência abusiva entre situações cotidianas e situações delicadas, incomparáveis entre si: assim como na época da guerra fria, quando era preferível que todos, inclusive o proletariado, vivessem no chamado "mundo livre" do que no chamado "mundo comunista", seria necessário ter uma má fé singular para não admitir que numa sociedade islâmica se vive um pouco pior do que em quase todos os demais lugares, mesmo que não sejamos mulheres, homossexuais ou ateus, na medida em que devemos cumprir proibições escandalosas e prescrições de moralidade pública.

Atualmente neste jogo, repetido de forma igualmente trágica[166], as mesmas situações permitem o mesmo recurso à alianças táticas nauseantes: assim como na época do stalinismo triunfante faziam-se acordos abomináveis contra o que já se chamava liberalismo — como o pacto Molotov-Ribbentrop entre a Rússia de Stalin e a Alemanha de Hitler — hoje certas alianças do mesmo tipo estão emergindo entre os críticos patentes de um liberalismo abusivamente requalificado como ultra, e os piores regimes ou organizações islâmicas. O que está em jogo nessas barganhas é, novamente, o abandono de todos os escrúpulos morais em favor da pior das confusões. Portanto, cuspamos no inepto Chávez[167], que não hesita em apoiar o criminoso Ahmadinejad[168], embora este se considere executor da vontade de Deus; vamos cuspir nesses esquerdis-

[166] N. do t.: Referência à afirmação de Karl Marx no *Dezoito Brumário de Luís Bonaparte* (1852): "Em algum lugar Hegel assinalou que todos os grandes fatos e pessoas da história mundial por assim dizer ocorrem duas vezes. Ele esqueceu de acrescentar: uma vez como tragédia e outra como farsa".

[167] N. do t.: Hugo Rafael Chávez Frias, conhecido como Hugo Chávez (1954 - 2013), líder da Revolução Bolivariana e presidente da Venezuela de 1999 a 2013.

[168] N. do t.: Mahmoud Ahmadinejad (1956) presidente do Irã de 2005 a 2013.

tas europeus que, como estão acostumados, ao confundirem a população oprimida e sua representação alienada dão seu risível apoio aos ultra-reacionários do Hamas; vamos cuspir nos trotskistas ingleses que formam uma lista conjunta com os fascistas verdes nas eleições municipais; cuspamos em todos que, a pretexto de combater o imperialismo, não sentem na pele tudo o que é repugnante e indigno ao dar a mão a seja lá qual detentor de dogmas religiosos.

Pois nosso ateísmo não é uma postura filosófica ou lógica. Como o ateísmo de Sade, trata-se do tom de um modo de vida, o fluido sensível no qual podemos respirar e onde nossa imaginação pode gozar de seus poderes. O ateísmo dos positivistas e de outros anticlericais que acumulam provas da inexistência de deus nos parece muito com o fruto mal destacado da árvore de um monoteísmo que em seu fim é transformado numa simples ideologia da transcendência. Nosso ateísmo é antes o ateísmo solar e alegre dos cirenaicos[169] ou de Lucrécio[170] e, num nível sensível, expressa a posição de imanência universal que encontramos em todos os povos animistas para os quais o sagrado não é outro que a sensação da presença da natureza. É por isso que a ideia de um único deus onipotente nos parece tão ridícula e entediante. E não podemos esquecer que esse deus criado à pior imagem do homem — um velho meio temperamental — sempre serviu para justificar a miséria mental do antropocentrismo e seu voraz apoderamento das maravilhas do mundo. Deve a ima-

[169] N. do t.: Seguidores da Escola Cirenaica, ativa principalmente nos séculos IV e III a.C., que tinha o hedonismo como doutrina fundamental.

[170] N. do t.: Filósofo romano (94 a.C.-55 a.C) autor do longo poema didático *Sobre a Natureza das Coisas* [*De Rerum Natura*], cuja tradução em verso para o português realizada por Rodrigo Tadeu Gonçalves foi publicada em novembro de 2021 pela editora Autêntica.

ginação, sempre levada aos excessos da invenção poética por excelência, contentar-se com uma silhueta tão triste erguida no horizonte de seus questionamentos?

O suposto retorno do religioso[171] que o espetáculo repete sem parar não mudará um fato fundamental: Deus está morto, definitivamente morto, há mais de um século; foi substituído pela religião do Capital, da qual o dinheiro é o profeta. Um profeta que, como vemos hoje na China, desencadeia tanto mais paixões, quanto menos tem de se preocupar com a transcendência religiosa rival. Mas aos olhos dos povos há tanto tempo submetidos ao monoteísmo, seja lá qual for, o fantasma de deus ainda ronda, como se fosse um odre vazio se enchendo de respostas ilusórias a todas as frustrações, ressentimentos e opressões que engendram sem cessar a economia e a classe que dela se beneficia. E esse espectro pesa no imaginário coletivo como uma grande ameaça, poluindo sua linguagem, confiscando suas esperanças e restringindo seus impulsos. Livrar-se dessa ameaça é arriscar-se na única aventura que vale a pena: a liberdade. Por isso, vamos afirmar uma vez mais o caráter intrinsecamente blasfemo, anti-religioso e, portanto, libertador do discurso poético, assim como nosso desrespeito visceral a qualquer submissão ao oco do divino.

25 de dezembro de 2006
Grupo de Paris do movimento surrealista

[171] N. do t.: Expressão decalcada a partir do conceito de "retorno do recalcado" desenvolvido por Sigmund Freud. Cf. *Introdução ao narcisismo, ensaios de metapsicologia e outros textos* (Companhia das Letras, 2010).

No início de 2006 fomos contatados por Guy Ducornet[172]*, que nos informou sobre seu plano de, para lutar contra o retorno dos canalhas religiosos, reeditar a declaração surrealista de 1948* Já pro canil com estes ganidos de Deus *[*À la niche les glapisseurs de Dieu*]*, *para a ocasião traduzida em diversas línguas e assinada não só por aqueles no entorno de Breton à época, mas também pelos que hoje pretendem continuar a aventura surrealista. Esta iniciativa de Ducornet, que daria origem ao livro* Ateísmo e surrealismo *[*Athéisme et surréalisme*]*, o qual trata o assunto de maneira inigualável, foi apreciada de diversas maneiras entre nós, e nos provocou o desejo de escrever esta proclamação na qual a atual e confusa situação da alienação religiosa é criticada à luz do ateísmo surrealista, cuja especificidade é afirmada face ao ateísmo racionalista. Este texto foi distribuído em forma de panfleto e publicado no Le Monde libertaire em janeiro de 2007, e em tradução para o inglês no nº 4 da revista Prehensile Tail, dos surrealistas de Leeds e Manticore, e no site Flying Stone, dos surrealistas de Portland (EUA). Ele também foi traduzido para o português e publicado na revista libertária Utopia, n ° 23. Por fim, foi retomado no segundo número da revista Dédula, quase exclusivamente dedicado à questão religiosa.*

[172] N. do t.: Participante da aventura surrealista desde o início dos anos 1960, atuando sobretudo de 1962 a 1991 em Chicago (EUA), junto a Franklin e Penelope Rosemont.

VINAGRE NÃO PEGA MOSCA

Um mel de araque escorre sobre nossa época, uma palavra religiosa que acreditávamos esgotada, de múltiplas origens e preconizando comportamentos estranhos, mas com um propósito similar: liderar a maior massa humana possível para estabelecer sua hegemonia sobre as demais religiões. A história é antiga: das forças do bem até o mal-estar social, o céu sempre lutou pela alma das pessoas, com alto-falantes estrondosos ordenando submissões e condenações múltiplas no que diz respeito à discriminação sexual, à culpa original e à proibição da liberdade, à necessidade de derramarem-se em massacres e mentiras como uma poça de sangue, fazendo da vida um barco cujo interesse último é poder naufragar.

Como pode voltar à cena uma fábula tão bárbara, numa época de conhecimento que leva o espírito da maravilha ondulante da matéria aos espaços galácticos? Na terra dos cegos os reis caolhos administram interesses poderosos, muito mais concretos do que uma extrema unção com virgens e vergas amontoadas. Trata-se somente de administrar e, custe o que custar, isto é, custe as vidas que custarem, manter ou conquistar a civilização de amanhã. E o que têm a perder aqueles que não têm nada, os depredados pelo colonialismo, os exauridos pelo capitalismo? Eles já estão morrendo no silêncio da história, e eis que lhes convocamos: para cima dos infames! Não importa se o comando em si vem de um infame mascarado. Experimentamos as feições de amanhãs deslumbrantes em outras utopias que, embora bem-nascidas e portadoras do fim da servidão do proletariado, caíram na lama do despotismo. E eis aí o flagelo religioso novamente ceifando vidas diante de nossas portas e sua Morte com a foice já revestindo as mulheres em nada. A liberdade das mulheres e dos homens não é um grão que pode ser facilmente moído, você sabe o que aconteceu com o padeiro e sua esposa[173]. Desprezo aos barbudos e padrecos, o amanhã será nosso.

2007
Michèle Bachelet

Pintora e membro do grupo surrealista desde 2004, Michèle Bachelet assina este texto, publicado no segundo número da revista Dédula.

[173] N. do t.: Segundo informa Guy Girard, em outubro de 1789 os parisienses conduziram Luís XVI e suas esposa Maria-Antonieta de Versalhes a Paris, supondo que caso ambos estivessem na cidade isso melhoraria o abastecimento de farinha e pão.

A COMUNA DE OAXACA

(Carta de Paris)

Caros amigos e camaradas da Assembléia Popular dos Povos de Oaxaca (APPO),

Indígenas, estudantes, professores, mulheres, jovens, sindicalistas e moradores dos bairros pobres, agradecemos por vocês terem dado um soberbo exemplo de democracia radical com a criação da APPO, cristal de rocha duro e transparente — uma organização autônoma de oprimidos, sem chefe, sem "dirigentes" e sem caudilhos.

Camaradas da APPO, agradecemos por vocês terem transformado, durante vários meses de 2006, Oaxaca numa comuna autogerada, livre de policiais, patrões, governantes e administradores exteriores.

Agradecemos, caros insurgentes de Oaxaca, pelas suas greves, lutas e barricadas, e por vocês terem quebrado a pesada chapa de chumbo da passividade, da resignação e da servidão voluntária que pesa sobre os oprimidos.

Agradecemos, caros combatentes de Oaxaca, por terem tido coragem, peito e audácia para afrontarem durante meses e meses, com uma estrela de ametista vermelha na testa, não somente URO (Ulises Ruiz Ortiz), o governador de Oaxaca, um Ubu tropical[174] com seus policiais e capangas paramilitares; mas também FECAL (Felipe Calderón), presidente do México, e seu exército brutal e corrompido; assim como seu protetor, o Império do Norte.

[174] N. do t.: Vide nota 5.

Agradecemos por terem continuado até hoje lutando, protestando, manifestando-se nas ruas, exigindo a libertação dos prisioneiros e a demissão de URO, mesmo após as barricadas terem sido desmanteladas, a greve dissipada e a Universidade e os bairros pobres ocupados pelos soldados da polícia, enquanto muitos militantes foram mortos, espancados, estuprados, torturados e aprisionados.

Todos que no mundo inteiro lutam para mudar a vida e para libertá-la da ditadura do Capital e dos seus homens de Estado se reconhecem em seu combate, camaradas da APPO. A sua causa é a mesma que a nossa e seu exemplo nos encoraja. Apesar da distância geográfica, compartilhamos da mesma fúria e da mesma esperança. O inimigo é o mesmo, ainda que os rostos sejam diferentes em Paris e Oaxaca.

Vocês ressuscitaram os espectros com olhos de coral que assombram o sono dos proprietários: o espectro da Comuna de Paris (1871)[175] e o da Comuna de Barcelona (1936-1937)[176]. Retomando Zapata e Villa[177], vocês são a ponta de diamante do sonho, a ponta de obsidiana da utopia, a ponta de esmeralda da revolta.

27 de junho de 2007

Michael Löwy, do grupo de Paris do Movimento surrealista

---

175 N. do t.: Considerada a primeira república popular da história, foi uma comuna insurrecional que durou 72 dias, de 18 de março de 1871 até a "Semana sangrenta", ocorrida em 28 de maio daquele mesmo ano.

176 N. do t.: Comuna instituída por anarquistas e anarcossindicalistas durante a Revolução Espanhola.

177 N. do t.: Emiliano Zapata (1879-1919) e Pancho Villa (1868-1923) foram dois dos principais líderes da Revolução Mexicana ocorrida no início do século XX.

Na primavera de 2006, professores de Oaxaca, no México, entram em greve, logo seguidos por comunidades indígenas, sindicatos, organizações e associações diversas. Juntos formam a Assembleia popular do povo de Oaxaca (APPO) e ocupam a cidade. No outono seguinte, a repressão conduzida pelo governador do estado de Oaxaca, com ajuda das tropas internacionais (forças especiais), é brutal. Mas a "Comuna livre de Oaxaca" se defende corajosamente até ser varrida pelas "forças da ordem". Seguiram-se a isso processos, sequestros, assassinatos e destruição de povoados indígenas. Desde 2010, URO não é mais governador, mas certamente nada de fato mudou para o povo de Oaxaca. Este texto foi publicado no site das Edições surrealistas [Éditions surréalistes].

DECLARAÇÃO INTERNACIONAL SURREALISTA AOS ANARCO-SINDICALISTAS SÉRVIOS ENCARCERADOS[178]

Declaramos nossa solidariedade incondicional aos cinco anarco-sindicalistas sérvios encarcerados desde 4 de setembro sob acusação de "terrorismo internacional". Tadej Kurep, Ivan Vulović, Sanja Dojkić, Ratibor Trivunac e Nikola Mitrović, todos membros do Sindikalna konfederacija Anarhosindikalistička inicijativa (ASI)[179], foram presos alguns dias após uma ação em solidariedade ao ativista grego, então em greve de fome, Theodoris Iliopoulos. O alvo desta ação foi a embaixada grega em Belgrado.

As autoridades sérvias usaram os pequenos danos causados ao edifício da embaixada grega como pretexto para exercer seus poderes repressivos, rotulando os membros da ASI como "terroristas" e detendo-os sem provas substanciais de seu envolvimento real no assim chamado "crime de danificação da fachada de um edifício". Não é o prédio, é claro, que preocupa a polícia sérvia; nem o simbolismo *per se* de um ataque à embaixada de outro Estado: o impacto real da solidariedade internacional e da política radical, visando à emancipação social, é o que os faz transgredirem os limites de sua suposta democracia, de modo a encarceram ativistas se valendo de procedimentos farsescos.

---

[178] N. do t.: Panfleto originalmente publicado em inglês.

[179] N. do t.: Organização anarcossindicalista sérvia com sede em Belgrado.

Ratibor Trivunac, um dos acusados, é amigo do movimento surrealista internacional. Mas o surrealismo não é um clube exclusivo de relações pessoais, assim como não é um clube de meras afinidades estéticas. Consideramos todos esses cinco militantes sérvios perseguidos (e também o sexto, Ivan Savic, que foi preso alguns dias depois) nossos irmãos, uma vez que partilhamos de sua causa, isto é, da escolha de viver e lutar por uma vida livre. Quando um Estado impõe sua mão opressora sobre um de nós, todos nós devemos sentir nossa liberdade ameaçada, todos devemos posicionar-nos junto àqueles que correm risco de serem privados de suas liberdades elementares pelo fato de estarem determinados a lutar, aqui e agora, por uma liberdade universal real.

Exigimos a libertação imediata de nossos cinco camaradas e amigos! A paixão pela liberdade é mais forte do que qualquer uma de suas prisões!

Novembro de 2009

Grupo Surrealista de Atenas: Grigoris Apostolides, Giannis Golfinopoulos, Manotis Daskalos, Alexandra Halkias, Diamantis Karavolas, Vangelis Koutalis, Sotiris Liontos, Helias Melios, Lefki Mossou, Makis Perdikomakis, Nikos Stabakis, Theoni Tabaki, Marianna Xanthopoulos, Giannis Xourias.

Grupo Surrealista de Leeds: Gareth Brown, Stephen J. Clark, Kenneth Cox, Luke Dominey, Jan Drabble, Bill Howe, Caroline Jeffs, Sarah Metcalf, Mike Peters, Peter Overton, Martin Trippett.

Grupo Surrealista de Londres: Paul Cowdell, Merl Fluin, Aniano Henrique, Patrick Hourihan.

Grupo Surrealista de Madrid: José Arias Taboada, Eugenio Castro, Manuel Crespo, Javier Galvez, Jesus Garcia Rodriguez, Vicente Guttierez Escudero, Bruno Jacobs, Lurdes Martinez, Julio Monteverde, Noé Ortega, Antonio Ramirez, José Manuel Rojo, Maria Santana, Angel Zapata and its Friends: Sonia Ayerra, Reg Cuter, Andrés Devesa, Jesus Gonzalez Gomez, Emilio Santiago, Leticia Vera e o Grupo Anarquista Al Margen.

Grupo Surrealista de Montréal: Jean-Maurice Brouillet, Dominic Tétrault.

Grupo La vertèbre et le rossignol [A vértebra e o rouxinol] (Québec): Enrique Lechuga, David Nadeau.

Grupo de Paris do Movimento Surrealista: Michèle Bachelet, Alfredo Fernandes, Jean-Pierre Guillon, Michaël Löwy, Marie-Dominique Massoni, Dominique Paul, Michel Zimbacca.

Em nome do Grupo Surrealista do Rio de La Plata/ Buenos Aires: Juan Carlos Otaño.

Em nome do Grupo Checo e Eslovaco: František Dryje, Kateřina Piňosová, Bertrand Schmitt, Bruno Solarik.

Grupo Surrealista de Estocolmo

Grupo Surrealista da Turquia

Movimento Surrealista no EUA:

- *Grupo Surrealista de Chicago:* Gale Ahrens, Janina Ciezadlo, Beth Garon, Paul Garon, Jan Hathaway, Joseph Jablonski, Renay Kerkman, Irene Plazewska, David Roediger, Penelope Rosemont, Tamara L. Smith, Joel Williams.

- *Grupo Surrealista de Portland:* Brandon Feels, M.K. Shibek e seu amigo Eric Bragg (Bay Area).

- *Grupo Surrealista de Saint-Louis:* Richard Burke, Susan Burke, M. M. Morose, Andrew Torch.

Esta declaração internacional foi publicada em diversos sites de grupos surrealistas e com especial destaque na bastante ativa página dos londrinos do SLAG (Surrealist London Action Group) [Grupo de ação surrealista de Londres].

Jan Švankmajer

2010
2022

EM SUAS VOZES FALAVAM MAGON E ZAPATA

SOBRE O ASSASSINATO DE BETTY E YIRI

Numa declaração dada pouco antes de sua morte, Betty Carino dizia que marchamos "com os pés no chão, a cabeça erguida, com dignidade, cabeça fria e coração ardente". Seu coração, assim como o do jovem finlandês Yiri Jaakkola, parou de bater. Ambos foram vítimas dos sicários paramilitares do PRI, o Partido Revolucionário Institucional, responsável tanto pelas crueldades contra a comuna autônoma de San Juan Copola, aldeia dos Triquis, indígenas rebeldes alvo de incessantes tentativas de isolamento do resto do mundo pelo PRI, quanto pela emboscada e pelo ataque armado contra a caravana da solidariedade. Em nossa voz, dizia Betty, falam as mulheres que lutam em Oaxaca; em nossa voz, a voz de Magon[180] e Zapata[181], a voz de todos nossos ancestrais que combateram pela liberdade. Este coração, que há pouco ela comparava ao de uma flor se abrindo em direção aos raios de sol dos dias futuros, continua batendo no México, na França e em todo lugares onde existem seres humanos erguendo-se contra a inadmissível submissão a todas as tiranias do planeta. Nenhuma metralhadora pode calar esta voz. Ela continuará ressoando através das montanhas e vales de Oaxaca e do México, murmurando nos rios, trovejando nas tempestades tropicais, soprando com o vento e cantando nas cachoei-

[180] Ricardo Flores Magón (1874-1922), anarquista mexicano tido como um dos responsáveis pela irrupção da Revolução Mexicana.
[181] Cf. nota 169.

ras. Cedo ou tarde ela acabará por romper as mandíbulas da máquina de matar da oligarquia e do Capital.

Paris, 11 de maio de 2010

Grupo de Paris do Movimento surrealista: Michèle Bachelet, Anny Bonnin, Hervé Delabarre, Alfredo Fernandes, Michael Löwy, Marie-Dominique Massoni, Dominique Paul, Bertrand Schmitt, Michel Zimbacca e seus amigos Guy Girard e Jean-Jacques Méric.

A comuna de San Juan Copola, comuna autônoma criada por Indígenas Triquis no México em 1º de janeiro de 2007, foi objeto de ataques sucessivos por parte de paramilitares mexicanos. Os Triquis têm uma longa tradição de afirmação de sua liberdade (sua primeira revolta data de 1832) e faziam parte da APPO de Oaxaca, de onde então partiu em seu socorro uma caravana humanitária, a qual foi atacada no caminho. A comuna autônoma foi inteiramente destruída pelos paramilitares em 2010, sem intervenção do Estado mexicano.

Esta declaração foi publicada no boletim Américas latinas em luta [Amériques latines en lutte], editado pelo Novo Partido Anticapitalista [Nouveau Parti Anticapitaliste]. Também foi traduzida para o inglês pelo grupo surrealista de Leeds e para o espanhol, sendo posteriormente publicada pelo Colectivo Autonomo Magonista.

DO RIBEIRO AO ESGOTO

Conhecemos bem o destino que a linguagem vulgar, tão apreciada pela mídia e prazerosamente repercutida por ela, reservou ao surrealismo: ele teria sido fundado por um papa chamado André Breton e designaria uma *gag* literária e artística, extraindo seus efeitos do insólito e de aberrações, incitando à provocação gratuita e ao gesto absurdo. Estas imbecilidades foram tão marteladas que denunciá-las todas cada vez que são emitidas representaria um verdadeiro trabalho de Sísifo; o que faz com que a maior parte do tempo elas suscitem junto a nós somente um "dar de ombros" cansado. Porém, hoje o surrealismo corre o risco de ver atribuída a si uma nova acepção: a da mais pura e simples velhacaria. E diante disso podemos zangar-nos.

De fato, há alguns anos um certo Santiago Ribeiro, nascido em Coimbra, em 1964, expõe seus inofensivos borrões meio que em todo canto do mundo. Como seus quadros exibem um vago universo fantástico, ele acreditou ser conveniente proclamar-se surrealista. Manobra de resto partilhada por um certo número de outros pintores de quinta categoria que jamais compreenderam que, à medida em que o surrealismo não é uma escola artística ou literária, mas uma atitude de espírito, não poderia haver pintura surrealista, e somente um uso surrealista da pintura. Mas sigamos adiante. O que é infinitamente mais grave é que o Senhor Ribeiro faz do surrealismo uma marca de fábrica, rotulado com a etiqueta *Surrealism now* que, num cúmulo de ignomínia, foi apresentada de julho à dezembro de 2017 num enorme banner publicitário nas telas gigantes da Times Square, em Nova Iorque. Até mesmo Dalí, cujas excentricidades contribuíram bastante para a assimilação vulgar do surrealismo à bizarrice extravagante, mas a quem não faltava gênio, não foi tão longe no que diz respeito ao desvio de sentido. Ao menos seu alter ego, Avida Dollars, trabalhava em causa própria e não pretendia organizar um movimento planetário com mais de uma centena de participantes. Por outro lado, o promotor deste movimento renega explicitamente todos os fundamentos éticos e críticos do surrealismo: ele reclama abertamente a religião ("Minha arte banha-se na velha atmosfera da crucificação") e não hesita em convocar os pintores-carolas, militaristas declarados e, por fim, não esconde nem um pouco que atua de maneira oposta ao próprio fundador do movimento que ele reclama com estardalhaço para si ("Nas circunstâncias atuais, um surrealismo baseado nos princípios de Breton para mim não apresenta nenhum interesse"). Uma vez que foi André Breton que, com o *Manifesto* de 1924 e textos automáticos como *Os Campos Magnéticos* e *Peixe Solúvel*[182], conferiu ao termo surrealismo todo seu conteúdo, a pretensão de redefinir atualmente de uma maneira tão grotesca e pérfida os fundamentos e objetivos do surrealismo é dar prova de uma singular presunção. A pretensa *Surrealism now* não é nem surrealista nem atual, é uma autêntica vigarice intelectual, como as demais que foram armadas em todas as épocas.

Paris, 25 de janeiro de 2018

[182] N. do t.: Destes, apenas *Peixe Solúvel* encontra-se disponível em português, no volume *Manifestos do surrealismo* (Nau Editora, 2004). Contudo, cumpre apontar que esta tradução, assinada por Sergio Pachá, apresenta sérios problemas, ainda que tenha sido laureada com o Prêmio Paulo Rónai da Biblioteca Nacional em 2001.

Em nome do grupo surrealista: Elise Aru, Michèle Bachelet, Anny Bonnin, Claude-Lucien Cauët, Hervé Delabarre, Alfredo Fernandes, Joël Gayraud, Guy Girard, Michael Löwy, Pierre-André Sauvageot, Bertrand Schmitt, Sylvain Tanquerel, Virginia Tentindo, Michel Zimbacca.

Uma tradução deste texto para o português lusitano foi publicada no número XX da revista libertária portuguesa A Ideia. *Ele foi igualmente publicado em francês no blog Surrealismo Internacional*[183]*, de nosso amigo José Miguel Pérez Corrales em janeiro de 2018; em tradução para o russo no blog das edições Hylaea, em Moscou; e, por fim, trechos traduzidos para o inglês foram citados num ensaio de Sylwia Chrostowska, na Hedgehog Review, n° 21.2, publicado no verão de 2019 em Charlottesville, Virgínia (EUA).*

[183] N. do t.: Disponível em: < https://surrint.blogspot.com/2018/01/do-ribeiro-ao-esgoto-du-ruisseau-legout.html >; acesso em 21 de fevereiro de 2022.

PORTA-JANELA

Revolta implacável contra este mundo tal qual ele se mantém dia após dia, em toda extensão de sua miséria, especialmente a mental, e sob as ordens de seus pretensos mestres, cuja opulência é fictícia. Mundo de lógicas irreais, falsas palavras, imagens sem o vívido do sonho, futuro sem presente; mundo cujo manejo cotidiano não passa de um insulto à noção mais elementar de liberdade. Desta palavra, que a princípio recobre todas as audácias do espírito e que implica concretamente em conduzir a vida segundo uma ética, oferecendo o máximo de encontros entre as paixões e o bem-comum, dela é feito o mais vil uso, com o objetivo de negociar a submissão de cada qual ao absurdos imperativos de um estado de coisas que nada justifica. Não, nada: nem aqui, numa aparente paz social que jamais passa da imagem da relação de forças favorável à classe dominante — nem acolá, guerras e guerrilhas, por exemplo as islâmicas, cuja existência, bem longe de ser uma denúncia de um modo de vida ocidental daqui em diante mundializado, testemunha somente um criminoso vigor produzido por tais rebentos e que toma conta da velha árvore da civilização uniformizada pelo capitalismo, cujas raízes envenenadas são as religiões monoteístas (pior que todas as outras — o que não é dizer pouco), o poder autoritário do Estado, o patriarcado, uma economia de predação mais que de partilha e, enfim, um modelo de pensamento que, puxado de um lado por delírios irracionais e de outro por uma razão banalmente instrumental, sempre combateu a imaginação criativa. O olhar nem precisa percorrer os campos das operações militares em curso para constatar que a seiva podre que sobe das raízes irriga a maior parte de um corpo social que, ora resignado, ora fascinado, de país em país, sejam lá quais forem as diversas mentiras propostas pelas democracias parlamentares ou pelos regimes mais abertamente ditatoriais (diferença puramente fictícia quando se trata de impor às suas populações a indústria nuclear), encontra satisfação adorando tanto inépcias seculares quanto os fetiches da mercadoria incessantemente renovados. É assim mesmo, não é sequer o desespero ou a vertigem niilista, mas o febril desencantamento que parece reinar neste mundo, cujos batimentos cardíacos são sufocados pelas incessantes tagarelices dos que operam na bolsa de valores e dos que traficam e esvaziam de toda substância uma realidade dispersa numa infinidade de fragmentos fugazes, como grãos de areia numa ampulheta esquecida na borda de um vulcão. Esta imagem do vulcão é grosseira, contudo ainda precisa ser convocada, talvez e apesar de tudo ainda germinando sob o travesseiro de seus cansaços... *A ideia do Dilúvio* que, segundo Rimbaud, teria *ressecado*[184], no entanto, se agita lúgubre em seu assento. Esta realidade é um desastre permanente e, sob a dominação do capitalismo, os quatro cantos do mundo não cessaram de receber sua fatia de catástrofes, em meio às quais aquelas imputadas pela natureza somente testemunham o fato de que foi esquecida a velha preocupação em deduzir o festivo calendário da harmonia a partir da concordância entre os fatos da natureza e das maneiras humanas.

[184] N. do t.: Referência à primeira frase de "Depois do Dilúvio", texto do volume *Iluminações*, de Arthur Rimbaud: "Assim que a ideia do Dilúvio ressecou" ["Aussitôt que l'idée du Déluge se fut rassise"]. Mário Cesariny traduz "rassise", que aqui traduzimos com o verbo "ressecar", por "aquietou": "Mal se aquietou a ideia de Dilúvio".

Quanto ao nosso calendário: quantas páginas rasgadas cobrindo o horizonte, pesadas como túmulos, mas que mesmo assim desejamos levantar para ver se sob sua casca figurada aparecerá o espectro da anarquia, convidando-nos a seguir sua sutil errância? Não temos outra preocupação senão favorecer tais aparições e imaginar seu trajeto atacando pelas costas o desfile das catástrofes prováveis. Será que é preciso que o sobressalto da consciência que falta à classe explorada e a todos os potenciais rebeldes ainda espere que a situação piore? Entretanto, a cada qual destes é dada a capacidade de sonhar um presente diferente e de extrair desta experiência a força poética necessária para devolver à linguagem suas virtudes de troca real que as tecnologias da comunicação e suas seduções mortíferas se empenham em desvalorizar, assim como aos desejos, paixões e prazeres dos sentidos e do espírito.

Trata-se, portanto, de dizer não a todos estes sistemas de opressão, de dominação, de alienação dos corpos e espíritos que constituem a dominação exercida pela civilização capitalista, para a qual só é verdadeiramente real aquilo que é produzido pela realidade mercantil ou que pode beneficiar-lhe. Trata-se, portanto, de colocar-se ainda mais em afastamento absoluto[185] com relação a este mundo e de sermos antes de mais nada resolutamente inúteis ao funcionamento de sua maquinaria. Isso deve se dar antes de avançarmos com as alegrias da deserção social e da preguiça criativa e também com as alegrias, para nós evidentes, do exercício contínuo do imaginário e do irracional, de modo a tornar mais rica uma razão outra que, sem medo de ser levada pelas asas do mito da Revolução, dá-nos a ouvir que o real é tudo o que excede a realidade.

[185] N. do t.: Cf. nota 9.

Assim, retomamos coletivamente a palavra, depois da revista S.U.RR. (1996-2005), para afirmar que há um lugar onde o pensamento poético e o pensamento crítico se juntam na vontade de atualizar o projeto de emancipação que partilhamos com outros errantes na noite dessa era. O surrealismo: dirigimo-nos àqueles que estão esperando em outro lugar, e não somente cercados pelo estupor dos museus, das casas de leilões e dos colóquios universitários. Avante, então! Somos alguns que mundo afora pretendem que ainda esta noite seu movimento real seja o mito necessário para subverter a história absurda deste tempo, assim como também pretendem trabalhar para o reencantamento do mundo. Nós falamos a partir de Paris, Leeds, Londres, Madri, Praga, Estocolmo, Chicago, Ottawa, Montreal, São Paulo, etc., como a partir das profundas florestas e das mais distantes ilhas onde os tempos se entrelaçam como a malha de orvalho de uma rosácea da estrela de uma manhã sempre por vir. E o que propomos hoje: *Alcheringa*, é porque *o tempo dos sonhos* — é o significado desta palavra de uma língua falada pelos aborígenes da Austrália — é também "o de todas as metamorfoses" (André Breton, *Primeira mão* [*Main première*][186]). Metamorfoses que nos deslumbram quando vemos a obra na experiência fundamental do sonho, que transmite sua economia à toda aventura poética verídica. Assim é que *a contrario*[187] é meio irritante ver como certas pesquisas no

[186] N. do t.: Texto de André Breton publicado na revista *La Brèche* n°4, em fevereiro de 1963.

[187] N. do t.: De acordo com a enciclopédia Larousse (Rio de Mouro, 2009), *a contrario* "é uma locução em língua latina que qualifica um processo de argumentação em que a forma é idêntica a outro processo de argumentação, mas em que a hipótese e, por consequência, a conclusão são as inversas deste último".

campo das neurociências se aplicam em elucidar o *funcionamento real do pensamento*[188], escondendo-se atrás de estudos positivistas. O trabalho do sonho, o jogo de símbolos do qual ele se vale com uma desconcertante prodigalidade, e cujo segredo é sempre dilatado, seu desembaraço para ora desqualificar a vida diurna e ora encantá-la, mesmo com uma grande distância temporal, é disso que desejamos ser os bravos instigadores, como certamente o foram tantos antes de nós e que romperam suas ampulhetas ao sair de sua câmara escura. Sim, a escada do sonho, seja para subir ou descer do inconsciente à consciência vigilante, é exatamente como a nau dos Argonautas ou o crivo de Faustroll[189], um instrumento de navegação que nos interessa regular sempre com o máximo de precisão, para disponibilizá-lo ao uso de quem quiser medir por si mesmo a imensidão do que não é dito no matagal mental onde são inventados os desejos. A partir do momento em que se descortina um pouco melhor o horizonte deste matagal que as palinódias do mercado querem atulhar sem vergonha, não vemos que os olhos da tirâni-

[188] N. do t.: Citação da definição de "surrealismo" apresentada por André Breton no *Manifesto do surrealismo* em 1924.

[189] N. do t.: Personagem criado por Alfred Jarry e protagonista das *Gestas e opiniões do doutor Faustroll, pataphysico* [*Gestes et opinions du docteur Faustroll, pataphysicien*], publicadas em 1911. No Brasil, Éclair Antonio Almeida Filho e Odulia Capelo Barroso parecem ter empreendido uma tradução da obra, a qual estaria no prelo da editora Nephelibata. Contudo, a partir de um fragmento publicado na revista *Das questões*, n. I, set./dez. de 2014, é possível perceber que a tradução apresenta sérios problemas, além de ser atribuída a Olegario Eudasio Barroso, mistificação que certamente a dupla intentou se inspirando em Jarry, mas que claramente carece de *espírito* e logo de efetividade. Não dispondo de estruturas anteriores — ou seja, de um *percurso* — que permitam seu funcionamento, a pretensa e boba mistificação de Éclair e Odulia apenas contribui para o achatamento de Jarry e de sua obra.

ca górgona se transformaram em bolas de cristal? É possível que a leitura do jornal, inútil ou aflitiva, diante da lembrança do sonho matinal se torne repentinamente reveladora de uma misteriosa correspondência entre a esfera subjetiva e o mundo objetivo. Acaso?

Não deixamos de espreitar as ocorrências do acaso e de suas *coincidências petrificadoras*[190], de desejar provocá-las no tecido dos dias, desde que elas exijam que eles sejam, em seu cômputo, testemunhas de uma duração ainda secreta, onde são abolidas dialeticamente as espoliações do tédio e as imposições de algumas de nossas lendas preferidas e de nossas sonhações despreocupadas. Desejamos estar à mercê de um tempo doravante *qualitativo*, no qual a sensação do sagrado torna-se indissociável da experiência do maravilhoso. Tais evidências, que são para nós o materialismo e o ateísmo, encontram nisso sua pedra de toque. Pois esta pedra, que um dia poderia ser para nós filosofal[191], é totalmente movediça de imagens, destes plurívocos objetos do pensamento que são os momentos às vezes esplendidamente indecisos nos quais o significante e o significado das palavras ainda não estão separados das impressões sensíveis, em particular das visuais, tal como elas agitam o debate interior no momento do mergulho no sono. A imaginação é então assim, irrefu-

[190] N. do t.: Locução cunhada por André Breton em *Nadja* (Gallimard, 1928), reeditada no Brasil em 2022 pela editora 100/cabeças.

[191] N. do t.: A pedra filosofal, em latim "lapis philosophorum", é uma substância alquímica que, segundo Louis Figuier, permitiria a transformação dos metais vis em preciosos, além de curar enfermos e prolongar a vida humana para além dos limites naturais. Segundo Juan-Eduardo Cirlot, em seu *Dicionário de símbolos*, ela "representa a unidade dos contrários, a integração do eu consciente com sua parte feminina ou inconsciente (fixa ou volátil) e, em consequência, é símbolo da totalidade" (Centauro, 2005).

tavelmente, *a rainha das faculdades*: experimentada como a primeira organizadora de nossa presença no mundo. Nada ainda lhe obriga a aceitar a separação entre subjetividade e objetividade e ela nos ensina que sua potência não deslocadora, mas unificadora e transformadora, nos é necessária para resistir ao fluxo das imagens mortas, das quais as Circes do mundo mercantil se valem para congelar os espíritos no espelho de suas objurgações.

Ensino que possui todos os ares do jogo: nós jogamos muito, jogar é o que mais gostamos de fazer. Aliás, trata-se de algo muito simples e jamais é difícil inventar novas regras e novos protocolos para que momentos surpreendentes de intersubjetividade sejam criados em nossos modestos encontros. A dimensão libertadora de tais práticas foi bastante evocada, da mesma forma que o modo como desta comunhão[192] do pensamento poético podem surgir alguns momentos de utopia. Parece-nos que a sequência destes jogos pode ser lida como uma história paralela, uma ainda pequena história ou anedota, mas vista através da luneta caleidoscópica que desafia os bodes expiatórios do Panteão[193]. E uma outra sequência, prolongando-se em temporadas bastante longas e relatando sonhos, pode constituir os anais de um imaginário. À margem destes se inscrevem os únicos acontecimentos dos quais vale a pena lembrar-se, ou os quais é

[192] N. do t.: Cf. nota 106.

[193] N. do t.: Segundo informa Guy Girard, os "bodes expiatórios do Panteão", em francês "le lampistes du Panthéon", dizem respeito a "uma expressão figurada que designa os intelectuais que regem a história oficial, em oposição à nossa concepção de história paralela. O Panteão, por sua vez, é o lugar em que estão enterrados os 'grandes homens' e onde ocorrem as comemorações oficiais, das quais [o atual presidente da França Emannuel] Macron é um grande entusiasta".

tão apaixonante prever. Nisso há, para quem se insurge contra a odiosa injunção do dever de "viver em tempo real" a estupidez desta época, o convite para abrir-se a uma outra relação com o tempo. *ALCHERINGA*: esta nova revista do grupo surrealista de Paris não deseja nada mais do que incitar a conjugar-se no *tempo do sonho* a insolente juventude da revolta e da imaginação sem entraves.

Junho de 2018
Guy Girard

Este texto foi publicado como editorial do primeiro número de Alcheringa, a nova revista do grupo de Paris do movimento surrealista, lançada em 2019. Assim sendo, ele tem valor de uma declaração coletiva que testemunha um novo momento na atividade surrealista atual.

COLETES AMARELOS, REVOLTA NEGRA

Desde 17 de novembro de 2018 em todos os cantos da França homens e mulheres vestiram o colete amarelo que os motoristas usam para sinalizar que seu veículo parado no acostamento sofreu algum dano. Mas desde o último outono este acessório imposto pelas leis de trânsito se tornou um sinal de alerta coletivo e igualmente um emblema das cóleras recalcadas há anos e que, inesperadamente, se transformaram numa verdadeira revolta popular, para além dos protestos e reivindicações às vezes certamente confusas. Pequenas causas, grandes efeitos, sobretudo se lembrarmos que ela foi disparada por um anúncio de mais uma elevação no preço das taxas sobre os combustíveis. A causa real dessa revolta é o empobrecimento contínuo de uma grande parcela da população, que por eufemismo é chamada de classe média, para que não seja empregado o termo mais exato de classe proletária, pois ela agrupa operários, empregados, agricultores endividados, desempregados, artesãos, aposentados com um minúsculo salário, homens e mulheres vivendo ou sobrevivendo em volta dos umbrais da pobreza, atrás dos quais se abrem somente, uma após a outra, as portas do desespero, da angústia e, infelizmente, da culpa. Será que aqueles que não são nada já não foram suficientemente recriminados? Aqueles que são usados somente para o consumo de mercadorias e ilusões, sendo que a mais insignificante destas últimas não seria, de todo modo, a de que a marcha deste mundo conduzida pelas leis do mercado é por natureza o próprio movimento da realidade?

O discurso dominante tinha cinicamente deduzido que a miséria social que oprime aqueles que vestiram em massa estes coletes amarelos seria necessariamente acompanhada por uma miséria intelectual e sensível, respondendo servilmente à miséria que é incansavelmente promovida por todos os instrumentos de cretinização, do último grito da moda em *gadgets* eletrônicos até as multidões históricas nos estádios; desde o uso cada vez mais massivo de tranquilizantes e drogas diversas, até os estupros de consciências pelos comunitarismos[194] e outras idolatrias identitárias. É somente assim que é definida a ideia de progresso, mistificação que acompanha a religião profana do capital e que se realiza de curva de crescimento em curva de crescimento, num progresso técnico que visa reduzir, de uma maneira cada vez mais funcional, o indivíduo à um corpo-mercadoria, logo crivado de pulguinhas eletrônicas, dentre as quais uma há de atestar diante das polícias suas boas intenções de cidadão. A partir de então o jogo político é compreendido apenas como um acordo gregário, e estabelecido por datas fixas, com esta ignóbil fraude que está se descobrindo contestada, num primeiro momento em seus modos e a seguir em seu próprio princípio.

[194] N. do t.: Não confundir com "comunismo". O comunitarismo é uma ideologia cuja ascensão se deu sobretudo após a queda do muro de Berlim e o enfraquecimento do bloco soviético. Na França, o termo passa a ser empregado com maior frequência a partir de polêmicas associadas à comunidade islâmica. Para o pesquisador Pierre-André Taguieff, em seu livro *La république enlisée : pluralisme, communautarisme et citoyenneté* (Éditions de Syrtes, 2005), "o comunitarismo é definido por suas críticas enquanto um projeto sociopolítico visando submeter os membros de um grupo definido à normas tidas como próprias destes grupo e comunidade. Em suma, trata-se de controlar as opiniões, crenças e comportamentos daqueles que, a princípio, pertencem a esta comunidade".

Se a ocupação das rotatórias demonstrou que nem tudo batia bem nas cabeças do *coletes amarelos* e tampouco no eterno retorno do *pouco de realidade*[195], as manifestações que se seguiram e vêm se repetindo a cada sábado nas ruas de Paris e também em tantas cidades do interior, com seus desfiles, ou melhor, derivas muito distantes dos hábitos consentidos, ao longo das quais são despertados, ainda que muito timidamente, os bons instintos de destruição (ah, Bakunin[196]!), são as saturnálias ritmando a emergência de um desejo profundo de ruptura ou até mesmo de revolução. Certamente, por enquanto as forças da imaginação coletiva não são tamanhas a ponto de serem capazes de produzir, neste momento de crise da civilização capitalista novamente visível aos olhos de todos, uma utopia convidando à completa reinvenção dos modelos sociais de produção e de interpretação da realidade. Dito de outro modo, um reencantamento do mundo; todavia, é impressionante constatar o quanto segue vivo o mito da Revolução francesa. Os *coletes amarelos* de hoje são convocados a se tornarem o *sans-culottes*[197] de amanhã, visto que atolam no lamaçal do pretenso "grande debate nacional", que não passa de um exercício de comunicação domesticador, organizado pelos políticos que detém o poder. Como em 1789, há sempre privilégios a serem abolidos, ou melhor, a serem

[195] N. do t.: Fusão dos conceitos de "eterno retorno", desenvolvido por Mircea Eliade em *O mito do eterno retorno* (Edições 70, 2019), e do "pouco de realidade", formulado por André Breton no *Introdução ao discurso sobre o pouco de realidade* (Gallimard, 1927).

[196] N. do t.: Mikhail Aleksandrovitch Bakunin (1814 - 1876), conhecido como Mikhail Bakunin, foi um dos principais teóricos e revolucionários do anarquismo.

[197] N. do t.: Era assim que a aristocracia denominava os revolucionários franceses, uma vez que eles não usavam os calções típicos da nobreza francesa naquela época.

partilhados entre todos! Como em 1789, há sempre Bastilhas a serem tomadas e castelos a serem incendiados: agências bancárias, edifícios públicos e subprefeituras foram vandalizadas — mas isso é muito pouco! Como em 1789, escrevem-se livros de queixas[198]: mas são os livros da desconfiança e da insolência que deveriam ser escritos e postos em circulação, e não enviados aos escritórios ministeriais! À *Marselhesa*[199] com tanta frequência entoada a cada sábado pelos manifestantes, certamente preferiríamos ouvir uma versão contemporânea da *Carmagnole*[200]! E se for preciso bandeiras, que sejam as rubro-negras, ao invés dos panos-de-chão tricolores[201]! Mas não devemos esquecer que este movimento por enquanto somente é radical no excesso de sua cólera, e não ainda na elaboração de um projeto coletivo. As referências a 1789, a este mito fundador de uma comunidade humana jamais concretizada, por felizmente surpreendentes que sejam, não devem tampouco ocultar a amnésia de toda gesta do movimento operário que vem acontecendo há séculos. Isso talvez explique a dificuldade que os *coletes amarelos* têm para colocar em prática outros meios de ação mais subversivos que os agrupamentos de sábado, não importa o quão aureolados de belas faíscas insurgentes eles sejam. Bloquear a economia por meios de sabotagem e de greve geral, ou por

---

[198] N. do t.: Em francês "Cahiers de Doléances", registros no qual eram anotadas as queixas da população e cujo uso remonta ao século XVI, embora tenha se tornado mais após a Revolução Francesa.

[199] N. do t.: Hino composto por Claude Joseph Rouget de Lisle em 1792 e que adquiriu grande popularidade na Revolução Francesa, torna-se o hino nacional do país.

[200] N. do t.: Canção revolucionária anônima supostamente composta em 1792 e tida como hino dos *sans-culottes*.

[201] N. do t.: Respectivamente referência à bandeira anarquista e à bandeira da França.

todos os gozos possíveis da deserção da vida cotidiana, continua sendo o grande passo a ser dado para que aquilo que é tido como entusiasmante desde meados de novembro não se inverta sob o signo da derrota e da resignação, que esperam os sequelazes[202] do prurido eleitoral, cada qual em seu bordel de campo e campanha.

Contudo, há muito tempo é consenso que, apesar da repressão e das violências policiais, apesar da obstinação da maioria das mídias em calar com grosseiras caricaturas a verdade deste movimento, apesar da publicidade que coloca em evidência no cortejo dos semanários alguns nazistoides infiltrados a serviço de alguém, apesar das preocupações eleitoreiras de certos *coletes amarelos empalidecidos* e apesar da divisão entre manifestantes e vândalos estabelecida por todos os que continuam cegos à natureza intrinsecamente destrutiva do capitalismo, agora é, sim, evidente que duran-

[202] N. do t.: Em francês, "palotins", palavra criada por Alfred Jarry na peça *Ubu rei* [*Ubu roi ou le polonais*] e traduzida por Ferreira Gullar na edição de 1972 da editora Civilização Brasileira como "palhadinos". Contudo, Gullar parece equivocar-se ligeiramente quanto à etimologia na qual se apoia para sua proposta. Segundo ele, a palavra seria uma "montagem jarriniana da palavra *palatin* (paladino) com *palot* (boçal)". Ora, se por um lado o uso de "palatin" com o sentido de paladino é pouco corrente em francês, embora seu caráter arcaico pudesse de fato enquadrá-lo no gosto de Jarry, "palot" por sua vez parece indicar mais "pálido" ou "camponês" do que propriamente "boçal", sendo este último um sentido que não pudemos localizar como relacionado a este termo. A tradução mais recente para o português, a de Gregório e Bárbara Duvivier publicada pela editora Ubu em 2021, traduz o termo por "Caralheiros", opção que, se tem o mérito de tentar restituir o humor fundamental de Jarry, erra de maneira grave ao desconsiderar a profundidade e a ressonância de suas escolhas, fazendo o autor parecer um mero satírico de ocasião. Dito isto, a título de contribuição, sentimos que "sequelazes", "panacaipiras" ou "palerminions" seriam soluções possíveis e, até onde temos conhecimento, ainda inéditas.

tes estes dias de cólera e revolta insaciada uma palavra liberta de suas rotinas voltou a circular. Pessoas se falam marchando juntas nas ruas, zombando e insultando em conjunto os policiais; a lógica hipnótica das redes sociais é subvertida; e nas costas de cada um dos coletes amarelos está escrita uma fórmula com frequência percuciente, onde o humor é o início da poesia e da *poesia feita por todos*[203].

***

Assim, a medida que este movimento dura — hoje, 30 de março de 2019, ele está em seu vigésimo ato semanal! — as resoluções intercambiadas, as reflexões partilhadas e os slogans pichados nas paredes tomam em impulsos variáveis um rumo abertamente radical para aqueles e aquelas aos quais as diversas táticas de desmoralização intentadas pelo Estado não conseguem nem adormecer, nem espantar. A crônica desta revolta sem ideal nem ideologia já conta com alguns episódios, como no último mês de dezembro em Paris, quando o Arco do Triunfo, símbolo guerreiro abjeto, foi atacado. Depois, em janeiro, houve a destruição da porta de entrada de um ministério e, no interior, o início de um incêndio de uma subprefeitura... Cada manifestação terá tido seu quinhão de afrontamentos com a polícia, estilhaçamento de vitrines, carros incendiados e o mais frequentemente possível saques (ou *reapropriações individuais*). E no belo sábado de 16 de março vimos a avenida Champs Elysées enfim merecer o sobrenome de avenida mais bela do mundo. Desta forma, uma vez que, com uma evidência renovada, parece que a

[203] N. do t.: Paráfrase da famosa afirmação do conde de Lautréamont em *Poesias* [*Poésies*] (Librairie Gabrie, 1870): "A poesia deve ser feita por todos e não por um" ["La poésie doit être faite par tous et non par un"].

democracia representativa representa somente os interesses da burguesia, certamente seria preciso esperar que o Estado revelasse mais uma vez sua natureza intrinsecamente autoritária. Acrescentando às leis de segurança — logo, perversas —, que foram votadas pelos governos precedentes, proibições de manifestações em tais e tais lugares (doravante, na avenida Champs Elysées, por exemplo) foram promulgadas pelos prefeitos em relação de dependência com o ministério do interior. No entanto, os meganhas (polícia e gendarmeria) receberam ordem para adotar novas táticas para reprimir ainda mais violentamente os manifestantes — e com ajuda do exército, se necessário —, cujo número e o apoio popular, quatro meses após o início deste movimento, segue inquietante para um poder pressionado a retomar o "calendário de reformas", isto é, retomar a ofensiva na guerra social.

No entanto, é preciso constatar que hoje o movimento dos coletes amarelos ainda não conseguiu assumir vantagem sobre os primeiros terrenos que viram sua emergência: as rotatórias nas estradas e os pedágios, de onde foram desalojados em dezembro. Tampouco houve êxito, apesar de algumas tentativas, em "bloquear a economia", ocupando alguns lugares simbólicos da exploração capitalista (um centro de redistribuição da Amazon, por exemplo ou, neste fim de semana, um paiol que fornece gás lacrimogêneo à polícia). Tanto faz se foi por falta de experiência em lutas sociais ou de líderes carismáticos: os coletes amarelos não caíram do céu com a última chuva, não dando nenhum sinal de confiança nem aos sindicatos nem às diversas panelas esquerdistas e tampouco às sirenes da extrema-direita. Assim, refutam neste caso a redução de seu movimento à uma erupção de populismo. Pois o próprio fato de que as reivindicações, os slogans e os próprios desejos expressos pelos coletes amarelos sejam tão diversos, da mais entristecedora ingenuidade (vide as demandas por referendo ou pela demissão do presidente!) à lucidez mais desesperada, faz com que, sobretudo, a cada vez mais a insaciável vontade de falar, de intercambiar, de selar ou renovar os laços de uma fraternidade frágil mas evidente, de uma comunidade de experiências enfim vividas fora do mundo mercantil, demonstra sem deixar espaço a dúvidas que o que está acontecendo de novo neste movimento é a invenção, ainda não consciente, mas ritualizada a cada sábado, de um tempo outro, de um tempo absolutamente diferente daquele que regula a produção e a circulação de mercadorias segundo a lei do "cada vez mais rápido". Tempo, entre dois momentos de rebelião, das longas conversas e deambulações coletivas neste *belos bairros*, que jamais viram algo assim. Tão comoventes quanto um grande banco em chamas, estas descobertas de um tempo longo e lento levaram a um processo de usura dos reflexos temporais dos aparelhos de dominação: os policiais estão cansados e seus chefes mais ainda, dizem. Assim, inaugura-se um *jogo de paciência*, que será talvez um peça-chave para que um novo desejo de revolução seja dado a imaginar.

11 de fevereiro — 31 de março de 2019
Guy Girard

Post-scriptum: Um jogo de paciência? No último inverno, um movimento social de grande amplidão contra um projeto de reforma das aposentadorias urdido pelo governo, mas infelizmente controlado pelos sindicatos, foi capaz de transbordar os limites concedidos aos exercícios do direito à greve e à manifestação. As ruas estavam novamente animadas. Na sequência veio a pandemia de Covid, cuja gestão se deu de maneira evidentemente autoritária pelo Estado: confinamentos, toque de recolher, controle policial reforçado, angústias e paranoias generosa e liberalmente entregues a domicílio. Contudo, houveram alguns sobressaltos contra este abafador sanitário: mobilizações públicas deveras inesperadas ano passado, contra as violências da polícia, tentativas aqui e ali de criar zona-autônomas para lutar contra os "grandes projetos inúteis", nas quais se encontram ecologistas radicais, anarquistas, coletes-amarelos e rebeldes diversos, convulsões de cólera na juventude estudante cada vez mais miserável. Não dá mais para esperar...

Este texto sobre o surpreendente movimento dos coletes amarelos foi publicado no segundo número da revista Alcheringa no verão de 2021. Antes disso, foi publicado em tradução para o inglês no número 16 (de maio de 2019) da revista anarco-surrealista The Oystercatcher *[O Ostraceiro], editada no Canadá por Ron Sakolsky e seus amigos.*

ATRÁS DE NÓS, O DIA SEGUINTE[204]

I

Todo mundo fala do "dia seguinte". No imaginário confinado atual ele tomou o lugar há muito tempo vago da Grande Noite ou do amanhã há de ser outro dia. Mas o dia seguinte já está longe de nós. O dia seguinte é o dia que se seguiu ao anúncio de confinamento em diversos países. Foi o dia a mais, aquele que jamais deveria ter nascido.

II

Nesse dia o horizonte histórico, que começava a ser reaberto por um ano de crises sociais, não foi simplesmente fechado. Ele foi brutalmente trancafiado, sem que um tiro fosse disparado e nenhum golpe de estado proclamado. Jamais tamanha massa humana foi encarcerada — mais da metade da população mundial — num espaço de tempo tão curto.

III

Em poucas horas passamos do "está tudo bem" ao "vai de mal a pior". O princípio de desenvoltura que tão formosamente serviu à economia de mercado a ponto de transformar o planeta numa imensa esterqueira desapareceu como que por magia diante do princípio de responsabilidade. Mas na verdade to-

[204] N. do t.: Tradução publicada pela primeira vez n'*A Fresta* online e revisada para a inclusão no presente volume. Disponível em: < https://www.sobinfluencia.com/post/atr%C3%A1s-de-n%C3%B3s-o-dia-seguinte >; acesso em 7 de fevereiro de 2022.

dos cederam à chantagem da sobrevivência. E, justamente por isso, todos se tornarem irresponsáveis de si. Desde então, nada mais de futuro, nada mais de escapatória possível. No universo autístico do espetáculo, a vitória aparente do princípio de responsabilidade significa a ruína real do princípio de esperança.

IV

A democracia, que sobrevive somente no pútrido ritual das eleições, recebe o golpe de misericórdia sem que ninguém ou quase ninguém tenha nada a dizer. E com ela, duas de suas liberdades até pouco tempo atrás tidas como fundamentais, a saber: a liberdade de ir e vir sem restrições nem condições e a liberdade de nos reunirmos com quem bem entendermos. O que acaba de acontecer é nossa transformação irreversível de sujeitos políticos ilusórios em autêntico gado biopolítico. Daqui para a frente aqueles que acreditavam serem pessoas, ou seja, indivíduos, não passarão de corpos. Serão numerados, registrados, vigiados, rastreados e localizados por um bom tempo. Neste mesmo golpe a velha política desapareceu, substituída pela gestão da sobrevivência. Não lamentaremos seu desaparecimento.

V

Que fique claro: ninguém poderia negar a realidade do perigo nem a necessidade de acabar com a epidemia e de salvar o maior número possível de vidas. Mas a comunidade humana bem que poderia ter agido pelos seus próprios meios, sem entregar sua saúde nas mãos do Estado. Aliás, foi o que fizeram os zapatistas dos Chiapas diante do descaso apresentado pelo Estado mexicano e sua manifesta negligência.

VI

Foi somente o movimento de trocas de mercado, não de morcegos ou pangolins, que transmitiu o vírus. Estes bravos animais, ainda admitindo que sejam o vetor, não são a causa material da epidemia, não são sua causa eficiente. Conhecemos as razões de sua propagação tão rápida: os inúmeros deslocamentos aéreos, ocasionados quase sempre por pretextos tão fúteis quanto trabalho ou consumismo turístico, inversão lúgubre da viagem. Em seguida, a epidemia seguiu alegremente seu curso nos purgatórios climatizados: navios de guerra ou cruzeiros, torres de escritórios, casas de repouso e até mesmo hospitais. E agora, no fim da cadeia, afeta as classes pobres que não voam de avião e não viajam em cruzeiros, mas que apodrecem nas prisões ou abundam na periferia, submetidas a tudo que é nocivo, e que certamente serão responsáveis por pagar o alto preço da crise. A pandemia não tem nada de desastre natural, ela é fruto de uma relação social, que é a economia de mercado, há muito tempo condenada e a qual já está mais do que na hora de ser abolida.

VII

O dia seguinte inaugurou a primeira distopia mundial da história. Até agora as distopias, mesmo visando a dominação universal, como a Alemanha nazista, sempre viram sua expansão limitada primeiramente pelo espaço e depois pelo tempo. Esta que assumiu seu lugar tem vocação para durar ainda mais porque seu primeiro ato consistiu em modificar brutalmente as condições de sensibilidade: a distância física atrofia o tato, o mais sensual dos sentidos, e a primazia quase total das telas mutila nossa percepção das três dimensões do espaço. É algo a se temer que mesmo depois de vencida a epidemia o comportamento humano se encontre radicalmente alterado, e por um bom tempo.

VII

Após a segunda guerra mundial, o capitalismo mudou seu paradigma: ele cibernetizou-se. Isto é, ele arranjou múltiplos loops de feedback que lhe permitiram amortecer crises econômicas e sociais. Ele alterna fases de economia estatal com fases de economia liberal no interior de um mesmo dispositivo regulador. Ao criticar com muito afinco o neoliberalismo erramos o alvo, que é o capitalismo em seus dois aspectos indissociáveis: liberal na iniciativa econômica, estatal no suporte à economia. Para reiniciar a máquina temporariamente parada, num instante foram encontrados os bilhões necessários. Os nostálgicos do keynesianismo[205] e dos Trinta Gloriosos[206] mal e mal podem acreditar. Eles haviam esquecido que o Estado é a melhor garantia do sistema. Com o triunfo da distopia cibernética ei-los aí bem servidos.

IX

A restrição aos limites residenciais imposta pelo confinamento não passa de um primeiro momento de uma nova Mobilização Total. Fomos imobilizados para sermos mobilizados mais eficientemente. A mobilização já começou com o traba-

[205] N. do t.: Espécie de revisão da teoria liberal que defende a intervenção do Estado na economia.

[206] N. do t.: Expressão utilizada pelo demógrafo francês Jean Fourastié em seu livro *Os trinta gloriosos ou a revolução invisível de 1946 a 1975* [*Les Trente Glorieuses ou la révolution invisible de 1946 à 1975*] (Fayard, 1979) para designar os anos que se seguiram ao fim da Segunda Grande Guerra em 1945.

lho a distância, que permite economizar no capital fixo, como os escritórios e as máquinas comunicantes, e igualmente no capital variável com a transformação dos assalariados em "empreendedores de si mesmos", remunerados de acordo com sua rentabilidade. Esta mobilização seguirá seu curso atingindo as grandes causas ecológicas planetárias, um terreno vasto no jogo por um neocapitalismo verde, e com o álibi de estar sempre buscando mais eficácia, isto é, sempre mais lucros graças a uma gestão otimizada da penúria e do desastre.

X

Os que são a favor de um retorno à normalidade já compreenderam que não acontecerá nada de mais e se preocupam tanto quanto esfregam as mãos. É preciso dizer que nestes últimos tempos para eles a normalidade não era nada prazerosa: os colete-amarelos ocupando os cruzamentos e enchendo as ruas na França, as barricadas no Chile, os libaneses se insurgindo. Alguns imaginam que agora a situação se inverteu a seu favor e que a longo prazo poderão controlá-la. No entanto, até o momento eles governaram às cegas, mostrando a que ponto foram incapazes de prever o que quer que seja. Não viram nada vindo, nem a cólera dos homens e tampouco os caprichos mortais da economia. Jamais previram nada, privados que são de qualquer visão histórica. Também para eles o horizonte se fecha.

XI

Quanto àqueles que na sua ingênua consciência reformista acreditam que poderemos, assim que as condições normais forem recuperadas, "não fazer de novo como antes", estão redondamente enganados. Pois não haverá mais normalidade restaurada. Ela vai desaparecer na doce neblina das ilusões perdidas. Evidentemente se fará "como antes", e depois ainda pior do que antes.

XII

Estas considerações apenas esboçam o quadro do momento que nos contém, traçado a partir de suas tendências gerais, e não se tratam de modo algum do deciframento de um plano orquestrado pelos dirigentes mundiais. A distopia que se instaura não é o produto de um complô tramado por algum governo secreto, mas procede de um momento contingente de racionalização do capitalismo, que não vai suprimir por isso sua irracionalidade constitutiva. As múltiplas maneiras acordadas de improviso e empregadas pelo Estados para responder à epidemia fornecem uma prova gritante disso. Suas divergências, suas mentiras e suas incoerências, suas deficiências manifestas mostram ao contrário sobre que bases frágeis está construída a distopia cibernética que pretende reger sob todos os aspectos o uso de nossas vidas. Talvez seja quando ela acreditar-se toda-poderosa justamente o momento no qual ela há de estar mais vulnerável. Mas ainda é preciso que o desejo de liberdade, de igualdade e de justiça seja vasto e enraizado o suficiente para congregar nossas forças. Se nós não reabrirmos a fresta utópica viveremos perpetuamente no dia seguinte.

Abril de 2020
Joël Gayraud

Este texto foi publicado no blog libertário semanal Lundi matin, em 4 de maio de 2020.

A FAÍSCA EM BUSCA DA PÓLVORA NO PAIOL

A rebelião leva sua justificação em si mesma, completamente independente das chances que ela possui para modificar ou não o estado de coisas que a determina. Ela é a faísca ao vento, mas a faísca que busca a pólvora no paiol.

André Breton[207]

Se nestas últimas semanas somente um coisa me deu alegria, isso ocorreu quando as matriarcas [da ocupação] Unist'ot'en queimaram a bandeira canadense e declararam morte à reconciliação. Como um fogo selvagem, isso tomou conta dos corações da juventude país afora (...). A reconciliação era uma distração, um meio que eles tinham de balançar uma cenoura diante de nós e de fazer com que nos comportássemos. (...) Será que não temos nenhum direito sobre a terra roubada a nossos ancestrais? (...) É hora de colocar toda essa porra abaixo!

Tawinikay (ou Mulher do vento sul)[208]

O conteúdo tóxico transportado pelos oleodutos canadenses, seja o petróleo das areias betuminosas ou o gás na-

[207] N. do t.: Citação extraída do livro *Arcano 17* [*Arcane 17*] (Brentano's, 1944).

[208] N. do t.: Citação extraída do texto *Reconciliação é morte - Uma proposta estratégica* [*Reconciliation is Dead - A Strategic Proposal*], disponível em: < https://theanarchistlibrary.org/library/tawinikay-reconciliation-is-dead >; acesso em 21 de fevereiro de 2022.

tural produzido por fragmentação, na opinião de todos os climatologistas sérios é uma importante, e talvez decisiva, causa do aquecimento global, ou seja, da catástrofe ecológica. Destinados a serem combustível para a expansão industrial, os oleodutos se tornaram um combustível para a revolta. Projetados para transportar combustíveis fósseis de um lugar para outro, eles são um aspecto crucial da normalização do duvidoso paraíso de crescimento sem limites diante do qual todos os cidadãos-consumidores obedientes devem ajoelhar-se devotamente. Nesta região que os cartógrafos coloniais chamavam de Colúmbia Britânica, a extração de recursos sempre foi seu jogo. Mas em fevereiro de 2020 a ascensão de uma ampla rede de oposição tem sido encorajadora, desde guerreiros indígenas que lutam para recuperar suas terras até os guardiões de tradições, ativistas veteranos da Extinção-Rebelião a apoiadores anarquistas da insurreição. Ferrovias, rodovias e navios foram bloqueados; as autoridades provinciais, as dependências administrativas do governo federal, os bancos e as sedes das empresas industriais foram ocupadas. O que catalisou essa revolta foi o amplo levante indígena nascido da recusa das ilusórias promessas de conciliação. Juntas, essas forças rebeldes perturbaram o mundo dos negócios, em solidariedade ao clã Unist'ot'en Great Frog e à organização tribal Wet'suwet'en.

Como que por um acaso objetivo, o primeiro campo de defesa indígena situou-se em Hazelton (Colúmbia Britânica), não muito longe de onde o surrealista Kurt Seligmann[209] e sua

[209] N. do t.: Kurt Leopold Seligmann (1900-1962), conhecido como Kurt Seligmann, aderiu ao movimento surrealista nos anos 1930 e foi o primeiro dos surrealistas europeus a estabelecer-se em Nova Iorque após a eclosão da Segunda Grande Guerra. Ali desenvolveu uma vigorosa obra plástica assim como importantes estudos sobre magia e

esposa se hospedaram em 1938. Naquela época, eles visitavam as aldeias Gitxsan e Wet'suwet'en, maravilhados com os mastros totêmicos e objetos rituais, fazendo anotações de campo, filmando em 16mm, colecionando histórias e registrando contos míticos. Agora, em 2020, um número crescente desses mesmos povos indígenas ameaça parar a economia canadense até reduzi-la a migalhas. Recusando-se a ser comprado pelos petrodólares das petrolíferas, ou neutralizado por um sistema legal que se limitou a "pacificá-los", brutaliza-los ou traí-los enquanto roubava suas terras, os povos indígenas responderam lutando ferozmente contra as forças coloniais da lei e da ordem, em uma tempestade arrebatadora de desobediência civil e perturbação da vida social. Uma ação seguiu-se a outra, criando um movimento que parecia impossível de ser freado. Quando a Polícia Montada Real Canadense desfazia um bloqueio numa rodovia, em um lugar diferente surgia outro, de modo que a linha de frente dessa batalha se estendia por todo o continente. Após isso, o destrutivo vírus Covid-19 se somou aos danos já causados à economia capitalista pelo vírus incendiário da revolta. A resistência dessas comunidades indígenas contra os oleodutos concerne a todos nós, em nível internacional: pois ela está na vanguarda da luta contra o aquecimento global.

No futuro, a questão-chave será se as autoridades canadenses poderão mais uma vez trancafiar o gênio da rebelião indígena na garrafa da "reconciliação". Nós surrealistas esperamos que não, e aqui declaramos mais uma vez nossa admiração e solidariedade para com o intratável espírito insur-

esoterismo, dentre os quais destaco *O espelho da magia: uma história da magia no mundo ocidental* [*The Mirror of Magic: A History of Magic in the Western World*] (Pantheon Books, 1948).

recional da resistência indígena. Resta inventar e viver uma outra realidade que essa de hoje e que, como a de ontem, se impõe com sua miséria ambientalista e suas hierarquias colonialistas e racistas. Olhando ainda deslumbrados para o adorno ritual da Dança da Paz Kwakwaka' wakw que esteve por muito tempo no ateliê de André Breton, antes de retornar a Alert Bay, em Cormorant Island, conforme seus desejos realizados em 2003 por sua filha Aube Ellouët, os surrealistas hoje afirmam que a luta pela emancipação da comunidade humana que lideram, no campo de intervenção que lhes é próprio, encontra-se em perfeita harmonia com a luta dos povos ameríndios contra a civilização ocidental-globalizada e sua loucura ecocida.

Maio de 2020

Surrealistas nos Estados-Unidos: Gale Ahrens, Will Alexander, Andy Alper, Byron Baker, J.K. Bogartte, Eric Bragg, Thom Burns, John Clark, Casi Cline, Steven Cline, Jennifer Cohen, Laura Corsiglia, David Coulter, Jean-Jacques Dauben, Rikki Ducornet, Terri Engels, Barett John Erickson, Alice Farley, Natalia Fernandez, Brandon Freels, Beth Garon, Paul Garon, Robert Green, Maurice Greenia, Brigitte Nicole Grice, Janice Hathaway, Dale Houstmann, Karl Howeth, Joseph Jablonski, Timothy Robert Johnson, Robin D.G. Kelley, Paul Mc Randle, Irene Plazewska, Teresa Plese, David Roediger, Penelope Rosemont, Tamara Smith, Steve Smith, Michael Stone Richardson, Abigail Suzik, Sasha Vlad, Richard Waara, Joël Williams, Craig S. Wilson.

Surrealistas no Canadá: Jason Abdelhadi, Lake, Patrick Provonost (Ottawa), Jacques Desbiens, Peter Dubé, Sabatini Lasiesta, Bernar Sancha (Montréal), David Nadeau (Québec), Beatriz Hausner, Sherry Higgins (Toronto), Erik Volet (Victoria) et le groupe surréaliste d'Inner Island (Colúmbia Britânica) : as.matta, Jesse Gentes, Sheila Nopper, Ron Sakolsky.

Surrealistas na Argentina: Luis Condé, Silvia Guiard, Alejandro Michel.

Surrealistas no Brasil: Mario Aldo Barnabé, Diogo Cardoso, Elvio Fernandes, Beeau Gomez, Alex Januário, Sergio Lima, Rodrigo Qohen, Natan Schäfer, Renato Souza.

Surrealistas no Chile: Jaime Alfaro, Magdalena Benavente, Jorge Herrera F., Miguel Angel Huerta, Ximena Olguin, Sebastian Riveros, Enrique de Santiago, Andrès Soto, Claudio Vila.

Susan Wald (Chile), Adolfo Gilly (México)

Surrealistas na Costa Rica: Gaetano Andreoni, Amirah Gazel, Miguel Lohlé, Denis Magerman, Alfonso Pena.

Surrealistas em Atenas: Sotiris Liontos, Elias Melios, Nikos Stabakis, Theoni Tambaki, Thomas Typaldos, Marianna Xanthopoulou.

Dan Stanciu (Bucareste).

Surrealistas na Grã-Bretanha: Jay Blackwood, Paul Cowdell, Jill Fenton, Rachel Fijalkowska, Krzysztof Fijalkowski, Merl Fluin, Kathleen Fox, Lorna Kirin, Stephen Kirin, Rob Marsden, Douglas Park, Wedgwood Steventon, Francis Wright.

Surrealistas no País de Gales: Jean Bonnin, Neil Combs, David Greenslade, Jeremy Over, John Richardson, John Welson.

Surrealistas em Leeds: Stephen J. Clark, Kenneth Cox, Luke Dominey, Amalia Higham, Bill Howe, Sarah Metcalf, Peter Overton, Jonathan Tarry, Martin Trippett.

Surrealistas em Londres: Stuart Inman, Philip Kane, Timothy B. Layden, Jane Sparkes, Darren Thomas.

Grupo surrealista de Madrid: Eugénio Castro, Andrés Devesa, Jesus Garcia Rodriguez, Vicente Gutiérrez Escudero, Lurdes Martínez, Noe Ortega, Antonio Ramirez, José Manuel Rojo, Maria Santana, Angel Zapata.

José Miguel Pérez Corrales (Ilhas Canárias)

Grupo surrealista de Paris: Elise Aru, Michèle Bachelet, Anny Bonnin, Massimo Borghese, Claude-Lucien Cauët, Taisiia Cherkasova, Sylwia Chrostowska, Hervé Delabarre, Alfredo Fernandes, Joël Gayraud, Régis Gayraud, Guy Girard, Michael Löwy, Pierre-André Sauvageot, Bertrand Schmitt, Sylvain Tanquerel, Virginia Tentindo, Michel Zimbacca.

Ody Saban (Paris).

Surrealistas nos Países Baixos: Jan Bervoets, Elizé Bleys, Josse de Haan, Rik Lina, Hans Plomp, Peter Schermer, Wijnand Steemers, Laurens Vancrevel, Her de Vries, Bastiaan Van der Velden.

Surrealistas em Portugal: Miguel de Carvalho, Luis Morgadinho.

Grupo surrealista de Praga: František Dryje, Joe Grim Feinberg, Kateřina Piňosová, Martin Stejskal, Jan Švankmajer.

Grupo surrealista de Estocolmo: Johannes Bergmark, Erik Bohman, Karl Eklund, Mattias Forshage, Ryota Kasamatsu, Michael Lundberg, Emma Lundenmark, Maja Lundgren, Kristoffer Noheden, Sebastian Osorio.

Grupo surrealista do Oriente médio e África do norte (Algéria, Egito, Iraque, Palestina, Síria): Mohsen Elbelasy, Ghadah Kamal, Yasser Abdelkawy, Tahani Jalloul, Fakhry Ratrout, Onfwad Fouad, Miachel Al Raie.

Surrealistas na Austrália: Anthony Redmond, Michael Vandelaar, Tim White.

Post scriptum: Ao coletar assinaturas para a declaração acima, testemunhamos como essa recusa em comprometer-se com a supremacia branca e a brutalidade policial se refletiu nas chamas ardentes da revolta de Minneapolis, que incendiou um barril de pólvora de raiva acumulada, provocando um verdadeiro terremoto de revoltas espontâneas nas ruas americanas. Em solidariedade a essa revolta contra a brutalidade policial causada pela execução/linchamento de Georges Floyd pela polícia, foi justo manifestantes antirracistas nos Estados Unidos optarem pela ação direta, decapitando ou derrubando as estátuas de Cristóvão Colombo, símbolo genocida de expropriação colonial de terras indígenas.

18 de junho de 2020
Ron Sakolsky, Penelope Rosemont,
Michael Löwy, Guy Girard.

Esta declaração internacional, cuja iniciativa se deve a Ron Sakolsky, Penelope Rosemont, Michael Löwy e Guy Girard, foi publicada no site da revista surrealista canadense-estadunidense Peculiar Mormyrid. *Ela foi publicada em tradução para o francês no livro de Michael Löwy,* O cometa incandescente: romantismo, surrealismo, subversão, *pelas edições Le Retrait (Orange, 2020) e em edição brasileira pela editora 100/cabeças (2021).*

Com a arma na cabeça, é assim que daqui para a frente querem fazer-nos viver. Ao espectro da derrocada, à ameaça da sexta extinção, aos gemidos do derretimento das calotas polares e à asfixia dos oceanos, respondem os chamados pela mobilização geral para a sobrevivência do planeta, cuja única medida efetiva de combate é impor que marchemos de acordo com ritmo da "realidade". De uma realidade cada vez mais sinistra, dedicada a convencer-nos de que não há tempo para a verdadeira vida, de que a verdadeira vida estará sempre ausente e que não há nada de melhor a esperar além do consumo dos restos rançosos de um festim fantasioso.

Longe de nós a ideia de negar a situação catastrófica que canceriza a natureza em todas as latitudes[210]. Pois se há quem tenha visto a catástrofe chegando, estes foram os surrealistas, e viram-na quando ela ainda estava bem longe. Mas nós não estamos dispostos a subscrever esta escatatologia do desastre que se torna o programa oficial dos Estados, tampouco sua falsa oposição representada pelo espetáculo, cujo mais risível engajamento foi confeccionado pela colapsologia[211], uma disciplina feita sob medida.

---

[210] N. do t.: Régis Debray fala *Sobre o bom uso das catástrofes* [Du bon usage des catastrophes], em livro homônimo publicado em 2011 (Gallimard), ainda sem tradução em português.

211 N. do t.: Cf. "'Colapsologia', a nova teoria do fim do mundo, ganha cada vez mais adeptos na França", disponível em: < https://noticias.uol.com.br/ultimas-noticias/rfi/2019/06/26/colapsologia-a-nova-teoria-do-fim-do-mundo-ganha-cada-vez-mais-adeptos-na-franca.htm >; acesso em 8 de setembro de 2022.

Os grandes discursos charlatões do capitalismo verde, que não poupam cuidados à cabeceira de um planeta enfermo, e os "pequenos gestos" homeopáticos que seria de bom tom levar a cabo para salvar este mesmo planeta, tratam antes de mais nada de conduzir cada um de nós à "razão", tomando as populações entre suas tenazes, de um lado representadas pelos imperativos econômicos e do outro pela urgência ecológica. Evidentemente, o que é assim sacrificado no altar do realismo é a imaginação, esta faculdade de alforriar-se das constrições espirituais e materiais, individuais e coletivas, políticas e sociais. Pois na cloaca onde o sistema mergulhou-nos, que conselho pode dar-nos a rainha das faculdades senão o de acabar de uma vez por todas com o aliciamento do mercado fazendo-nos então embarcar rumo às ilhas de ouro do maravilhoso? E não é o maravilhoso a via de acesso mais direta à utopia, esta cartografia sonhada de um outro mundo desejável onde a vida seria enfim livre e feliz?

Entretanto, o ano de 2020 começara bem. A revolta dos coletes-amarelos na França, que apesar da calúnia e da repressão não fora vencida, parecia então pronta para recomeçar de maneira ainda mais bela. Uma onda de sonhos inflamáveis se propagava há um ano de Beirute a Santiago, de Hong-Kong a Cartum e Alger, inaugurando um novo ciclo de revolta do qual poderia esperar-se um efeito dominó.

Porém, eis que rebenta a pandemia arruinando os elãs, invertendo as esperanças e oferecendo à escória que pretende dirigir-nos o pretexto ideal para governar com terror. Um terror adocicado e dissimulado, no qual a repressão reveste-se dos ouropéis da proteção, e que é ainda mais eficaz pelo fato de ser exercida sobre uma população desmoralizada condicionada a aceitar sua diretivas e que, quando aventura-se a contestá-las, infelizmente cai num irracionalismo devastador, abrindo caminho a todos os tipos de charlatanismos e demagogias[212].

Na verdade, se há muito tempo a democracia já não passava de uma sombra de si mesma, a coerção social exercida por ocasião da pandemia ofereceu mais uma prova cabal de que toda vida democrática desapareceu, mesmo no sentido liberal-burguês clássico do termo. Um regime de outra natureza tomou seu lugar. O fato de que ele ainda não tenha recebido um nome não muda nada. Seus traços se imprimem de maneira cada vez mais crua na face do globo e é fácil descrevê-los: são os traços de um distopia cibernética encarregada de reger a passagem rumo a uma economia global da dívida e da penúria e à uma artificialização generalizada do que é vivo, conduzida sob o mais utilitarista dos modos em favor de uma rentabilidade otimizada. Tudo o que tornava a vida cotidiana ainda suportável, ou seja, uma certa liberdade de expressão e de ir e vir e a possível proximidade dos corpos na exuberância dos sentidos, assim como a relativa autonomia das produções desinteressadas do espírito, tudo isto foi ultrajado e arruinado sem recurso diante de nossos olhos. Somente a revolta, a implacável revolta, que não deixará de animar os seres humanos enquanto eles não tiverem sido completamente robotizados, poderá devolver-nos aquilo que perdemos. E graças a isso, se este ano que passou foi o mais sombrio depois da Segunda Grande Guerra, ele foi magnificamente iluminado pelas fogueiras acesas durante os motins que, ao longo de algumas semanas, colocaram em xeque a polícia dos Estados-Unidos após o assassinato de Georges Floyd.

[212] N. do t.: Vide os *Querdenker* na Alemanha, terraplanistas nos Estados-Unidos e Brasil e outros similares mundo afora.

No mundo passional e espiritualmente naufragado no qual acaba de despencar a humanidade, torna-se da mais vital urgência estabelecer portos nos quais o espírito, cansado do barulho e do furor midiático, e extenuado pela vacuidade sem fundo das trocas nas redes ditas sociais, possa relaxar e desfraldar, com a maior liberdade, seus poderes sucessivamente ridicularizados pelas condições existentes. São tais portos, disseminados em várias cidades e continentes, que o surrealismo, enquanto prática de grupo, foi capaz de erguer há quase um século século nas falhas e interstícios da vida alienada — e sua vocação é mantê-los e multiplicá-los. Saudemos então aqui todos aqueles que, em diversos continentes, mantém incansavelmente o atanor[213] da imaginação poética, como fazem nossos amigos checos, espanhóis, portugueses, ingleses, galeses, latinoamericanos, norteamericanos e australianos, e brindemos especialmente a nossos camaradas do Grupo surrealista do Oriente-Médio e da África do norte, sediado no Cairo, onde o segundo número da revista *The Room* está prestes a ser lançado, numa edição em língua árabe, e também em inglês e francês[214].

Alguns, nos corredores caindo aos pedaços das universidades ou nos deploráveis painéis explicativos que balizam exposições, seguem repetindo que o surrealismo é um movimento relegado às estantes das bibliotecas ou às vitrines dos museus. Mas o que estes homens, homens de alma pequena, não compreenderam é que o que torna o surrealismo mais atual do que nunca é a sua própria inatualidade, ou seja, o fato de que ele é a única egrégora espiritual, de dimensão internacional, que ope-

[213] N. do t.: Forno alquímico.

[214] N. do t.: Este posicionamento incialmente entusiasta com relação ao grupo em questão será revisto na declaração seguinte, intitulada *Ao pé alado da letra.*

ra a mais ampla e coerente reunião de todo passado subversivo da humanidade, tanto no domínio da ação e da criação, quanto no do pensamento, do conhecimento e do sonho. Suas fontes de inspiração mergulham num tempo imemorial, remontando, dentre outros, à arte mágica das cavernas, às viagens dos xamãs ao país dos sonhos, à prática ameríndia do potlatch, às expedições kula dos argonautas trobriandeses, ao tempo do sonhos dos aborígenes australianos, assim como às irradiantes poções dos alquimistas sob as abóbadas medievais. Mas o que inspira o surrealismo ainda mais encontra-se *diante* dele e realiza-se indissoluvelmente sob o signo do amor, do conhecimento, do sonho e da revolução. Buscando no inconsciente o potencial emancipador dos desejos individuais, ele não cessa de cultivar, através de obras assim como de jogos coletivos, as condições primeiras para toda projeção utópica, ali mesmo onde se desenham os esboços de um mundo melhor. Nenhum agrupamento político é capaz de operar com tamanha profundidade e num espectro tão amplo; porém sabemos que o surrealismo de imediato situa-se para além tanto da política quanto de toda atividade separada, e não visa nada menos que refazer o entendimento humano, reapaixonar a vida e reencantar o mundo com os recursos poéticos imanentes de que dispõe e que a prosa mercantil proscreve e mutila incessantemente.

Numa época marcada pelo selo da confusão intelectual, talvez não seja inútil lembrar que o surrealismo não é de modo algum o corpo de uma doutrina, e muito menos uma religião ou ideologia. Muito pelo contrário, ele participa daquilo que emancipa de toda e qualquer doutrina, religião e ideologia, ciente de que só é possível chegar a esta emancipação de maneira não-doutrinária, bravamente antirreligiosa e categoricamente hostil à todas as ideologias. Ninguém converte-se ou adere ao surrealismo — "esponjas e tolos têm isto em comum: aderem!", disse definitivamente Paul Valéry[215] —, e sobretudo, ninguém se engaja nele ("A ignóbil palavra engajamento, que passou a circular depois da guerra, caracteriza-se por uma servilidade à qual a poesia e a arte têm horror", escrevia Breton em 1947[216], visando o existencialismo sartriano assim como a arregimentação stalinista das consciências). Desde então, o surrealismo não é um ideal a ser atingido, nem uma escola na qual entrar e tampouco uma academia à qual se é nomeado ou um espetáculo no qual se desfila. Ele é em si mesmo sua própria causa e seu próprio objetivo. Ele é uma maneira de sentir e de ver que se tornam uma maneira de ser. Uma vez que se passou por ele, ou que o surrealismo passou por nós, não podemos mais conceber nem perceber o mundo de outra maneira que segundo as linhas de fuga que ele oferece às nossas errâncias e aos hieróglifos do maravilhamento que ele aplica na testa das coisas enquanto nos dá a chave de interpretação. Ali está o que faz sua própria marca e assegura a legitimidade de sua ação.

Joël Gayraud

Editorial do segundo número da revista Alcheringa, cuja tradução para o português foi publicada pela primeira vez no jornal Cardume, *em janeiro de 2022.*

---

[215] N. do t.: Citação extraída de *Eupalinos ou O arquiteto* (1921), publicado no Brasil em 1996 pela Editora 34, em tradução de Olga Reggiani, que utilizamos aqui.

[216] N. do t.: Citação extraída do texto "Cometa surrealista", do livro *La clé des champs* (1953), sem tradução no Brasil. É importante e curioso notar que há alguns anos no Brasil a palavra "engajamento" passou a designar a interação com o conteúdo veiculado em mídias digitais, sobretudo em redes sociais.

AO PÉ ALADO DA LETRA
QUANDO O SURREALISMO FIZER CEM ANOS

Dentro de alguns meses o surrealismo fará cem anos. Como especifica André Breton em suas *Entrevistas* [*Entretiens*], foi no final de 1922 que o movimento de emancipação do espírito humano mais enraizado na vida sensível que já existiu tomou sua forma efetiva, dois anos antes de seu nascimento público selado pelo primeiro *Manifesto*. Sejamos claros: não apelamos à celebração de um centenário, mas à manutenção e reforço de uma exigência. Hoje, quando no campo da cultura dominante este termo, utilizado em excesso e com frequência como sinônimo de absurdo, remete a um imaginário fantástico inofensivo, não é inútil relembrar quais são e continuam sendo os objetivos e as apostas do surrealismo: ir além das antinomias artificiais e mortais entre o real e o imaginário, o sonho e a vigília, a consciência e o inconsciente; mas também devolver às paixões felizes todas suas prerrogativas, estender e aprofundar os poderes da mente, libertar a razão de suas correntes positivistas e de sua instrumentalização comercial, acabar de uma vez por todas com as alienações ideológicas e religiosas; e, condição suprema, colocar a Poesia acima de tudo. Tudo isso, é claro, têm como simples consequência a recusa em aceitar o mundo como ele está e vai de mal a pior, assim como sua linguagem, seus servos e suas técnicas.

No entanto, o mundo de um século atrás, cuja derrocada assumira um caráter de urgência – urgência que desde então não foi negada – fez perdurar e intensificou aquilo que tem de nocivo, a ponto de hoje obscurecer o horizonte histórico com a massa fuliginosa de seus dejetos. Ele se transformou em um sentido diametralmente oposto a todas as esperanças alimentadas pela tradição revolucionária: o reino da liberdade, igualdade e justiça, a abolição da exploração e da dominação, o fim da maldição do trabalho e o acesso de todos, emancipados das garras do mercado, ao luxo e à abundância. Quanto à vida, devemos de fato constatar que ela mudou, mas no sentido mais calamitoso: perdeu toda consistência, toda coerência e todo valor; colonizada em seus menores interstícios pela ditadura das telas, ela se decompõe em imagens cada vez mais pobres, cuja presença entorpecida esteriliza gradualmente a imaginação. É por isso que o apelo à deserção lançado pelo surrealismo desde seu início é mais atual do que nunca: deserção prática e intelectual, psíquica e social, individual e coletiva. Vê-se imediatamente que nenhuma concessão pode ser feita aos gostos adulterados da época, às suas inclinações suspeitas e aos seus reflexos medulares. A com isso entenda-se de uma vez por todas que as diversas produções dos surrealistas, apresentem-se elas sob a forma de poemas, relatos de sonhos, desenhos, pinturas, collages, assemblages, esculturas ou filmes, têm apenas aparência de obra de arte: são sobretudo o resultado cristalizado de uma subversão permanente da sensibilidade, ou seja, as testemunhas sensíveis de um novo uso do mundo. O perigo que ameaça um movimento que mantém vivas suas demandas por um período tão longo é menos o esquecimento ao qual modas diversas, literárias ou artísticas, de uma época decomposta gostariam de relegá-lo, do que o reconhecimento tardio de sua própria consistência e perseverança. Ainda mais debilitante do que a apropriação de suas técnicas pelos funcionários da arte contemporânea, aqui e ali começa a surgir uma tendência que leva à fabricação de um surrealismo de superfície, onde uma porção de artistas que produzem uma imagética vagamente onírica simplesmente se proclamam surrealistas, sem mensurar o que esta denominação implica e como se pertencessem a uma vulgar escola estética.

Muitos destes surrealistas de cativeiro não hesitam em entregar-se à tecnologia digital. Se é verdade que, a priori, qualquer meio técnico pode ser desviado e colocado a serviço da imaginação, devemos notar que, na esmagadora maioria dos casos, o software tem precedência sobre o criador. Como resultado, estas obrazinhas assistidas por computador são insípidas, chatas, todas parecidas entre si e exalam uma consanguinidade suspeita, inoculada pela desesperadora entropia que emana dos algoritmos.

Inversamente, a obra surrealista autêntica, que sempre convoca à surpresa e ao encantamento, é portadora de utopia e prenhe de uma promessa emancipatória que a legitima e a ultrapassa. Nenhuma máquina ou software pode cumprir essa promessa, pois eles não têm carne e tampouco sentidos, corpo e nervos para sentir, perceber, se emocionar ou experimentar o desejo, e não é com inteligência artificial que construiremos uma utopia humana. Com a bênção das redes sociais, um passo adiante e caímos na armadilha do entretenimento. Com respeito a isso, para dissipar qualquer ambiguidade, recordemos que o surrealismo não pode perder-se no campo minado das atividades recreativo-pedagógicas nem atolar-se no brejo das oficinas de escrita e colagem[217] e

[217] N. do t.: Graças aos esforços de Sergio Lima (Cf. *Collage: textos sobre re-utilização dos resíduos (impressos) do registro fotográfico em nova superfície*, publicado por Massao Ohno em 1984), em português podemos diferenciar a *collage*, como entendida e praticada pelos sur-

outros concursos de poesia. Essas sessões de criação supostamente livre são desde o início viciadas pelas instituições nas quais estão enquadradas e não passam de miseráveis sucedâneos para a exploração mato adentro pelas terras selvagens do maravilhoso.

Assim como o surrealismo nunca foi uma escola onde se poderia entrar, nem uma academia para a qual se poderia ser eleito e tampouco um espetáculo no qual se poderia desfilar, ele também não é um clube internacional que oferece brincadeiras e debates culturais cujos membros seriam recrutados no Facebook ou promoveriam suas produções no Instagram. Conscientes de que não há meios neutros, os surrealistas soberbamente desprezam as redes "sociais". Eles só poderiam utilizá-las com extrema cautela, preferindo a poesia imediata das redes "anti-sociais" que se tramam espontaneamente na rua, nos meandros de um bosque, na subida de um areal selvagem, no balcão de um bar, sob uma tempestade de neve.

Com bem sabemos, os encontros decisivos, acontecem nas veredas da vida de verdade abertas à magia do acaso objetivo e não podem ser premeditadas por um programa que esvazia completamente a própria noção de "amigo" de seu sentido. Se hoje, como em suas origens, o surrealismo é uma egrégora subversiva em franca hostilidade frente ao Estado[218],

realistas, da *colagem*, enquanto "ação ou resultado de colar", como indica a primeira entrada do dicionário Aulete. Lembremos que, citado muitas vezes por Sergio Lima e outros surrealistas que se dedicam a collage, Max Ernst afirma que "se são as plumas que fazem a plumagem, não é a cola que faz a collage" (Cahiers d'Art, 1937).

[218] N. do t.: Cf. *Egrégoras: Ou a vida das civilizações* [Egrégores: Ou La vie des civilisations] (Égrégores éditions, 2005), de Pierre Mabille, no qual ele define "egrégora" da seguinte maneira: "Chamo de egrégora, palavra utilizada outrora pelos hermetistas, o grupo humano dotado de uma personalidade diferente daquela dos indivíduos que o formam".

o capital e todas as religiões, ele acrescenta à lista de seus inimigos o mundo digitalizado das telas, que distancia cada vez mais os homens e desrealiza a vida sensível. Maneira de sentir, ver e sonhar que se torna um modo de ser, o surrealismo é uma busca incansável e carnal por conhecimento, liberdade e amor. Uma vez que passamos por ele, ou melhor, uma vez que o surrealismo passou por nós, não podemos mais conceber ou perceber o mundo a não ser segundo as linhas de vôo que ele oferece às nossas andanças e a partir dos hieróglifos de maravilha que ele aplica na fronte das coisas, oferecendo-nos assim uma chave de interpretação. É nessa experiência cotidiana, e não em um falacioso reconhecimento midiático, que ele encontra sua própria marca e que, um século depois de seu nascimento, mensura a validade de sua ação.

Pelo Grupo surrealista de Paris, 16 de janeiro de 2022:

Élise Aru, Michèle Bachelet, Anny Bonnin-Zimbacca, Massimo Borghese, Claude-Lucien Cauët, Sylwia Chrostowska, Hervé Delabarre, Alfredo Fernandes, Joël Gayraud, Régis Gayraud, Guy Girard, Michael Löwy, Pierre-André Sauvageot, Bertrand Schmitt, Sylvain Tanquerel, Virginia Tentindo.

E com a aprovação de: Yoan-Armand Gil, Aurélie Aura (França); Grupo surrealista de Madrid : Eugenio Castro, Andrés Devesa, Jesus Garcia Rodriguez, Vicente Gutiérrez Escudero, Lurdes Martinez, Noé Ortega, José Manuel Rojo; Jan Bervoets, Hans Plomp, Pieter Schermer, Wijnand Steemers, Laurens Vancrevel (Países-baixos); John Richardson, John Welson (País de Gales); Francis Wright (Grã-Bretanha); Miguel de Carvalho, Luis Morgadinho (Portugal). Ivan Horáček, Jan Švankmajer (República Tcheca); Beatriz Hausner (Canadá); Allan Graubard (Estados-Unidos); Raul Henao, John Sosa (Colombia); Enrique de Santiago, Rodrigo Verdugo (Chile); Amelli Janarelli, Alex Januário (Brasil).

Esta declaração coletiva foi escrita para criticar a infeliz iniciativa do Grupo surrealista do Oriente-Médio e da África do Norte de organizar no Cairo, no começo de 2022, uma exposição internacional apresentada como surrealista e produzida com a colaboração tanto de artistas parodiando o surrealismo quanto com o apoio de órgãos oficiais. Esta declaração foi "democraticamente" afixada em meio à exposição, mas sobretudo publicada no terceiro número da revista Alcheringa (verão de 2022) e em tradução para o inglês no número 19 da revista anarco-surrealista canadense *The Oystercatcher* (maio de 2022).

Jean Terrossian

Glossário onomástico

por Guy Girard (GG) e Natan Schäfer (NS)

ABEILLE, Jacques (Lyon, 1942 - Libourne, 2022). Após uma temporada no arquipélago de Guadalupe, fixa-se em Bordeaux em 1959, associando-se ao grupo Parapluycha, próximo do grupo surrealista de Paris. Corresponde-se com André Breton, graças a quem se aproxima de Pierre Molinier, também residente em Bordeaux. Como romancista, notabiliza-se pela série romanesca *Ciclo das paragens* [*Cycle des contrées*], que se inicia com *Os Jardins estatuários* [*Les Jardins statutaires*] (Flammarion, 1982), obra reputadamente maldita e que é, segundo a orelha da edição publicada pela editora Gallimard em 2012, "ao mesmo tempo uma história de aventura, conto iniciático e sonho desperto". (NS)

ARU, Élise (1986) Criadora de poemas-objetos e tradutora do inglês (cf. *Elutriação*, de Jean-Paul Martino, traduzido com Guy Girard; edições Sonámbula, 2019). Entra para o grupo de Paris do movimento surrealista em 2013 e participa da revista Alcheringa. (GG)

AZEVEDO, Pedro (Rio de Janeiro, 1952). Processado no Brasil por sua atuação junto aos trotskystas em 0000, exila-se em Paris em nos anos 1970, onde entra em contato com o grupo surrealista de Paris via Michael Löwy. Frequenta as reuniões nos cafés e as casas dos membros do grupo, participando de jogos, exposições, organização de revistas, festas, etc. Nos anos 1980 acompanha seu amigo Michel Zimbacca em uma visita ao Brasil. Enquanto artista plástico, trabalha sobre os mais variados suportes e com os mais diversos materiais e técnicas. Devido a controvérsias envolvendo uma de suas obras, é afastado do grupo surrealista de Paris. Atualmente, vive em Joinville, Santa Catarina. (NS)

BACHELET, Michèle (Paris, 1956) Pintora e poeta, junta-se ao grupo de Paris do movimento surrealista em 2003. Publicou a coletânea de poemas *Sol de terra* [*Soleil de terre*] pelas edições Hoursglass (1991) e textos e ilustrações nas revistas Le Château-Lyre, S.U.RR..., Alcheringa e Peculiar Mormyrid. (GG)

BAHOLET, Jean-Marc (1969) Poeta, participou das atividades do grupo de Paris do movimento surrealista de 1991 a 1994. (GG)

BARBARO, Luc (1970) Poeta e biogeógrafo fascinado por pássaros, foi membro do grupo de Paris do movimento surrealista de 1990 a 1994. Alguns de seus poemas foram publicados na revista S.U.RR... nº 3 em 1999. (GG)

BÉDOUIN, Jean-Louis (Neuilly-sur-Seine, 1929 - Paris, 1996). Entra para o grupo surrealista de Paris em 1947, tornando-se posteriormente um dos colaboradores mais próximos de André Breton. Após a autodissolução em 1969, opta por seguir a aventura com Vincent Bounoure e outros, sendo um dos participantes do importante volume *A civilização surrealista* (Payot, 1976). É autor do volume *André Breton*, na coleção Poetas de hoje [Poètes d'aujourd'hui] (Seghers, 1950), e da antologia *A poesia surrealista* [*La poésie surréaliste*] (Seghers, 1964), uma das melhores antologias de poemas do movimento. Sua produção poética foi reunida no volume *Espaço livre e outros poemas* [*Libre espace et autres poèmes*] (Syllepse, 1998). É autor de uma obra plástica pouco conhecida, porém, ao que tudo indicada, digna de atenção. (NS)

BENOÎT, Jean (Québec, 1922 - Paris, 2010). Entra para a Escola de Belas-Artes do Québec aos quinze anos. Chega a Paris em 1948 e, após dez anos de preparação com sua esposa Mimi Parent, apresenta-se a André Breton em 1959, marcando sua entrada para o movimento surrealista com a lendária *Execução do testamento do Marquês de Sade*, performance *avant la lettre* extremamente complexa e arriscada realizada no apartamento de Joyce Mansour. Recusando-se a fazer fama e fortuna com sua atividade artística, realizou poucas exposições e deixou uma obra plástica conhecida por poucos. Dentre suas exposições, destacamos *Mimi Parent et Jean Benoît. Surréalistes* realizada no Musée National de Beaux-Arts de Québec em 2004; e *Jean Benoît*, na Galerie 1900-2000 em Paris. (NS)

BELLON, Loleh (Bayonne, 1925 - Le Kremlin-Bicêtre, 1999). Atriz e dramaturga francesa, em 1949 é agraciada com o Prix des Jeunes Comédiens pela peça *Place de l'Étoile*, de Robert Desnos. Trabalha durante muitos anos com o diretor Jean-Louis Barrault, que dirigiu algumas peças de autores ligados ao movimento surrealista (como André Pieyre de Mandiargues). (NS)

BELOTTI, Jean-Christophe (1972) Poeta, fotógrafo e collagista, participou das atividades do grupo de Paris do movimento surrealista entre 1991 e 1994. Publicou uma coletânea de poemas (*O Lampadóforo* [*Le Lampadophore*], 1996) e foi o responsável, com Emmanuel Fenet, pela criação da revista O Peixe-Cofre [Le Poisson-Coffre]. Desde 2010 dirige a revista L'Or aux treize îles [O ouro nas treze ilhas], um anagrama de "a ilha do tesouro"]. (GG)

BERNARD, André (Chevrier, 1937) agitador da revista Anarquismo e não-violência [Anarchisme et non-violence], recusa-se a servir na Guerra da Algéria em 1956 e se declara "insubmisso". Em 1961, após acorrentar-se ao Arco do Triunfo com outros seis militantes "solidários", foi condenado a um ano de prisão por "insubmissão em tempos de paz", também sendo condenado à prisão por um tribunal militar num segundo processo e passando assim 21 meses encarcerado. Após sua liberação, trabalha como corretor e continua participando intensamente das atividades anarquistas na França, militando na C.N.T. Em parceria com Pedro Azevedo e outros, foi responsável pela publicação Sextante [Sextant]. Participou das atividades do grupo surrealista de Paris entre 1978 e 1980 e novamente entre 1996 e 2003, após ter publicado *Pé de garça* [*Le Pied de grue*, expressão que em francês significa algo como "ficar esperarando de pé"] pelas edições do Atelier de Création Libertaire, uma coletânea de textos escritos por anarquistas e surrealistas contemporâneos sobre as relações entre anarquismo e surrealismo. É também autor de muitas collages. (NS) (GG)

BONAFOUS-MURAT, Arsène (Nova Iorque, 1935 - 2011). Bibliófilo e especialista em gravuras, em 1978 abre seu próprio *cabinet* no número 15 da rue de L'Échaudé. Foi advogado de André Breton e próximo de Sergio Lima quando este último morou em Paris no início dos anos 1960. Dentre suas realizações destacamos as quatro edições de *L'Art de la lithographie*, publicadas em 1994, 1999, 2001 e 2008. (NS)

BORGHESE, Massimo (1951) Desenhista e collagista, vive na Itália e participa das atividades do grupo de Paris do movimento surrealista desde 2015. Seus desenhos exuberantes por seus minúsculos detalhes foram expostos na galeria L'Usine (Paris, 2018) e ilustraram a revista Alcheringa, assim como o livro de Alexandre Pierrepont *Fronteira do mundo habitado* [*Frontières du Monde habité*] (Pierre Mainard, 2018). (GG)

BOUNOURE, Micheline (1924 - 1981) Criadora de objetos e companheira de Vincent Bounoure, participa das atividades surrealistas desde o fim dos anos 1950, dentre as quais cumpre destacar a exposição E.R.O.S (1959). Alguns de seus textos foram publicados nas revistas La Brèche [A fresta] e no Bulletin de Liaison Surréaliste [Boletim de ligação surrealista]. Em 2006 as edições L'Harmattan publicaram *Legendário melanésio: Melanésia, invenção plástica e imaginação legendária* [*Légendaire melanesien: Mélanésie, invention plastique et imagination légendaire*], obra na qual Micheline e Vincent demonstram com uma rigorosa paixão a possibilidade de uma antropologia surrealista, ou seja, de uma "antropologia do desejo". (GG)

BOUNOURE, Vincent (Strasbourg, 1928 - Paris, 1996). Formado pela Escola de Minas de Nancy, Vincent Bounoure juntou-se ao grupo surrealista de Paris na primeira metade dos anos 1950. Notabilizou-se tanto por sua atuação em âmbito internacional — contribuindo, inclusive, para a realização da XIII Exposição Internacional Surrealista organizada por Sergio Lima em São Paulo no ano de 1967 — assim como por ter sido um dos principais membros do grupo surrealista de Paris a posicionar-se contra sua liquidação em 1969. Também teve intensa atividade militante e teórica. Esta última parcela de sua produção pode ser encontrada nos volumes *A civilização surrealista* [*La Civilisation Surréaliste*] (et. al., Payot, 1976), *Momentos do surrealismo* [*Moments du Surréalisme*] (L'Harmattan, 1999) e *O acontecimento surrealista* [*L'Événement surréaliste*] (L'Harmattan, 2004), estes dois últimos publicados postumamente. Além disso, deixou uma relevante obra poética, cujas edições são bastante raras e a qual se encontra inédita em português. Atualmente seu volume *Citrino : seis poemas* [*Citrine : six poèmes*] (inédito, 1960) se encontra no prelo da Syrinx Editora. (NS)

CAMACHO, Jorge (Havana, 1934 - Paris, 2011). Abandona o curso de direito em 1952 e, ao mudar-se para Paris, é apresentado pelo escultor Agustín Cárdenas a André Breton em 1961, passando então a fazer parte do grupo surrealista de Paris. Desenvolve sua obra plástica a partir de rigorosos estudos de alquimia e realiza inúmeras colaborações "ilustrando" várias coletâneas de poemas. *O soar alto* [*Le ton haut*] et *A dança da morte* [*La Danse de la mort*] foram duas de suas principais exposições, apresentadas respectivamente por Bernard Roger e René Alleau, ambos próximos do grupo surrealista de Paris e respeitáveis figuras no âmbito dos estudos sérios sobre alquimia. (NS)

CAUËT, Claude-Lucien (1938) Poeta, depois de seus primeiros encontros com os surrealistas parisienses no início dos anos 2000 graças a André Bernard, se junta ao grupo em 2012. É autor de várias coletâneas de poemas autopublicadas (dentre as quais o emocionante canto de amor *A noiva vesperal* [*La Fiancée vespérale*]) e participou de vários jogos poéticos (cf. *Pornografia cortesã*, com Guy Girard e Pierre-André Sauvageot, 2014). (GG)

CHROSTOWSKA, Sylwia (1975) Romancista (cf. *A pálpebra* [*The Eyelid*], Coach House Books, 2020) e ensaísta, situada no cruzamento do pensamento crítico da Escola de Frankfurt com o do surrealismo (cf. *Fósforos, um livro de luz* [*Matches, a Light Book*], Punctum Books, 2015; *Utopia na era da sobrevivência: entre Mito e Política* [*Utopia in the age of survival: Between Myth and Politics*], Stanford University Press, 2021). Junta-se ao grupo de Paris do movimento surrealista em 2017. É também autora de inquietantes desenhos de humor negro. (GG)

DAUGUET, Aurélien (1932 - 2018). Militante do grupo anarquista Louise Michel, participa das atividades do grupo surrealista de Paris desde 1968. Após a autodissolução do grupo em 1969 opta por seguir a aventura ao lado de Vincent Bounoure, de quem será um dos principais colaboradores. Guitarrista, Dauguet era um entusiasta do jazz, da literatura popular e do cinema, tema que abordava em publicações regulares em periódicos de esquerda, como o Le libertaire. Também foi autor da coletânea de poemas *Areias* [*Sables*] (Éditions S"urréalistes, 1995), pintor e criador de objetos e collages. (NS)

DELABARRE, Hervé (Saint-Malo, 1938) Poeta nascido na Bretanha, encontra André Breton em 1963, quando se junta ao grupo surrealista de Paris. Fervoroso praticante da escrita automática, participa das revistas La Brèche [A Fresta], Bulletin de Liaison Surréaliste [Boletim de ligação surrealista], S.U.RR... e Alcheringa. Publica diversos livros de poesia, dentre os quais: *Os Ditos do Sir de Baradel* [*Les Dits du sire de Baradel*] (ilustrado por Jorge Camacho; Éditions Peralta, 1968), *Perigo de deslizamento* [*Danger en rive et autres poèmes*] (Librairie-Galerie Racine, 2004), *O Lince de lábios azuis* [*Le Lynx aux lèvres bleues*] (Éditions surréalistes, 2007), *O penal da noite* [*Le Plumier de la nuit*] (Deux Corps, 2011), *Prolegômenos para um alhures* [*Prolégomènes pour un ailleurs*] (Les Hommes sans Epaules éditions, 2015), *Os Contos do Sir de Baradel* [*Les Contes du Sire de Baradel*] (Les Hommes sans Epaules éditions, 2021). (GG)

DER KEVORKIAN, Gabriel (Paris, 1932). Alfaiate de profissão e pintor autodidata, aproxima-se do movimento surrealista no início dos anos 1960. Suas primeiras colaborações aparecem na revista *La Brèche*, dirigida por André Breton. Segundo José Pierre "a originalidade de Gabriel Der Kevorkian é a de internar-se na via da certeza absoluta, direção estas das mais secretas e que foi seguida, dentre outros, por um *Nabi*[1] místico como Filiger, por um alienado excepcionalmente inspirado como Adolf Wölfli e por um pintor mediúnico como Joseph Crépin". (NS)

EL JANABY, A-K, (Bagdá, 1944) simpatizante do partido comunista iraquiano durante a juventude, com a ascensão do partido Baas — apoiado pelos EUA — no Iraque, nos anos 1960 é forçado a exilar-se. Na Grã-Bretanha, se alia ao movimento trotskysta. Estabelece-se na França em 1972, onde se aproxima do movimento sur-

1 N. do t.: "Nabi" é um termo oriundo do hebraico e que pode ser traduzido por "profeta". Foi o nome de um grupo de pintores pós-impressionistas atuantes no século XIX, dentre os quais se destacaram Pierre Bonnard e Edouard Vuillard.

realista, sendo um dos mais importantes tradutores para o árabe de textos do movimento surrealista e seus arredores. Aproximadamente em 1974 funda em Paris o "grupo surrealista árabe no exílio", que publica a revista Le Désir Libertaire [O Desejo Libertário] (2 séries, de 1974 a 1976 e de 1980 a 1983) e depois com Peter Wood edita a revista The moment [O momento] (1979 - 1980). Atualmente dirige a revista Poésie In Toto. Dentre seus livros de poemas, destacamos *A embriaguez geométrica dos feiticeiros* [*L'Ivresse géométrique des sorciers*] (2019). (GG)

FAYE, Jean-Pierre (1925, Paris). Aluno de Gaston Bachelard e Claude-Lévi Strauss, foi membro do comitê editorial da revista Tel Quel a partir de 1963, até romper com Philippe Sollers em 1967. Participa de inúmeras outras publicações, das quais ressaltamos sua colaboração regular à *Chimères*, dirigida (fondée) por Gilles Deleuze. Autor de uma extensa obra, seu romance *l'Écluse* (Seuil, 1964) valeu-lhe o Prix Renaudot de 1965. Em 1974-75 consagrou dois números de sua revista Change ao surrealismo tchecoslovaco, contando com a participação de Vincent Bounoure e Vratislav Effenberger. (NN) (GG)

FENET, Emmanuel (1970) Autor de desenhos que perseguem os sonhos diurnos da infância feérica do mundo, entra para o grupo de Paris do movimento surrealista em 1990 e o deixa em 1994. Ilustrou com Guy Girard o poema a duas vozes de Alexandre Pierrepont e Bertrand Schmitt *Tenho tabaco do bom* [*J'ai du bon tabac*] (Éditions surréalistes, 1993). Uma década mais tarde, animou com Jean-Christophe Belotti a revista O Peixe-Cofre [Le Poisson-Coffre]. (GG)

FERNANDES, Alfredo (1960) Junta-se ao grupo surrealista em 2006. Com Guy Girard, traduz do português *Um faca entre os dentes*, de António José Forte (Ab Irato, 2007) e *A vila de Palaguin*, de Carlos Eurico da Costa (Sonambula/ Loplop 2022) (GG)

FLANDRE, Guy (1929 - 2015). Tradutor ligado aos surrealistas de Montepellier Guy Cabanel e Robert Lagarde. André Breton o elogia por sua tradução das obras de Lewis Carroll e Flandre entra pessoalmente em contato com ele em 1961, acompanhado por Lagarde numa estadia em Saint-Cirq Lapopie. Amigo de Toyen, após

1969 se afasta de todos grupos, cultivando amizades com uns e outros. Funda com Peter Wood em 1988 a associação Hourglass, que rege as edições de mesmo nome, publicando em plaquetes traduções para o inglês de diversos poetas surrealistas (Joyce Mansour, Marianne Van Hirtum, Anthony Earnshaw, Guy Girard, etc). Organiza diversas exposições em sua galeria colaborativa, dentre as quais a uma exposição coletiva do grupo surrealista tchecoslovaco e em 1993 a exposição *Terra interior* [*Terre intérieure*], do grupo de Paris do movimento surrealista. (NS) (GG)

GIRARD, Guy (Flamanville, 1959) atualmente um dos mais antigos membros do grupo surrealista de Paris é, segundo Jean-Pierre Lassalle, "destes, a meu ver muitos raros, que ainda vivem no seio do cometa surrealista, cuja cauda se prolonga cintilante neste início do século XXI". Após abandonar o curso de artes plásticas na universidade de Caen, passa a integrar o movimento surrealista em 1990, tornando-se ao longo do tempo um dos principais animadores do grupo de Paris do movimento surrealista. Organizou várias exposições surrealistas, como *O desenho surrealista em 2019* e *A fotografia surrealista em 2020*. Dentre suas obras destacamos a coletânea de textos automáticos *Céu de palha* [Ciel de paille] (Éditions Sonámbula, 2020), o longo poema ilustrado por Laura Corsiglia *Maiô de hecatombes para Joana D'Arcula* [*Maillot d'hécatombes pour Jeanne D'Arcula*], além de várias plaquetes como *Materiais para uma onirocrônica do surrealismo* [*Matériaux pour une onirochronique du surréalisme*], publicadas pelo próprio autor em Saint-Ouen, subúrbio de Paris onde Guy Girard mora atualmente nas proximidades do famoso mercado das pulgas frequentado por André Breton. (NS)

GAYRAUD, Joël (1953) Poeta, ensaísta e tradutor do italiano, latim e inglês, junta-se ao grupo de Paris do movimento surrealista em 1996. Além de sua participação nas revistas S.U.RR..., Alcheringa, Analogon, Peculiar Mormyrid, destacamos seus volumes *A pele da sombra* [*La peau de l'ombre*] (José Corti, 2004), *A pálpebra auricular* (José Corti, 20017) e *O homem sem horizonte* (Libertalia, 2019), os quais contém importantes reflexões sobre a necessidade de conjugar-se a experiência poética com a crítica filosófica para assim ativar o pensamento utópico. Ele também publicou recentemente *As tentações da matéria* (Pierre Mainard, 2021), coletâneas de poemas realizados a partir de esculturas de Virginia Tentindo. (GG)

GAYRAUD, Régis (1959) Poeta, collagista e tradutor, sobretudo das obras do russo Iliazd. Junta-se ao grupo surrealista de Paris em 2015. (GG)

GUILLON, Jean-Pierre (1943 - 2012) Com seus amigos de Rennes Hervé Delabarre e Annie Le Brun, entra em contato com o movimento surrealista em 1963. É o fundador da Associação dos Amigos de Maurice Fourré, dedicada a esse escritor tardiamente descoberto pelos surrealistas. Continua ativo no grupo de Paris do movimento surrealista até sua morte. Poeta, temível panfletário e collagista infatigável. (NS) (GG)

GUYON, Robert (Lyon, 1941) A partir de sua adesão ao movimento surrealista em 1963, após uma visita a André Breton, torna-se ao lado de Bernard Caburet o principal animador do movimento em Lyon. Após 1969, participa do *Boletim de ligação surrealista* [*Bulletin de liaison surréaliste*] dirigido por Vincent Bounoure e segue se dedicando apaixonadamente a buscas pioneiras sobre a luz negra. Recentemente, concluiu o livro ainda inédito *Outrora em nosso caminho... o surrealismo* [*Jadis sur notre chemin... le surréalisme*], no qual registra suas perspectivas e memórias da aventura surrealista. (NS)

HALLART, Guy (1931 - 2001) Segundo informa Gilles Bounoure, Guy Hallart costumava brincar dizendo que era um "surrealista do interior". Passa a participar das atividades do movimento nos anos 1960, estampando então com uma de suas obras a capa do terceiro número da revista *La Brèche*. Após a autodissolução do grupo em 1969, segue a aventura ao lado de Vincent Bounoure e seus amigos. Gilles Bounoure afirma que o *Boletim de ligação surrealista* deve tudo a ele, ou quase, uma vez que Hallart assumiu com singular competência os trabalhos gráficos do grupo surrealista de Paris. Além disso, elaborou coletâneas de poemas magníficas em parceria com seus amigos, dentre as quais destacamos *A árvore descende do macaco* [*L'arbre descend du singe*] (Éditions surréalistes, 1975), com Jean-Louis Bédouin; e *Citrino : seis poemas* [*Citrine : six poèmes*] (inédito, 1960), com Vincent Bounoure, cuja tradução para o português se encontra atualmente no prelo da Syrinx Editora. (NS)

JOUBERT, Alain (Paris, 1936 - Paris, 2021) Alain Joubert foi um dos protagonistas das polêmicas que culminaram na autodissolução do grupo de Paris em 1969, o que desde então desperta atitudes antagônicas com relação a sua figura. Seu ponto de vista sobre a crise do grupo de Paris se encontra detalhadamente exposto no volume *O movimento surrealista ou o pingo no I da história* [*Le mouvement des surréalistes ou la fin mot de l'histoire*] (Maurice Nadeau, 2002). Ferino analista político, crítico e poeta, jamais deixou de dedicar-se ao surrealismo vivo em suas obras. *A mesa dos amigos*, uma antologia de sua obra poética — inédita em língua portuguesa — acompanhada por desenhos de Georges-Henri Morin se encontra no prelo da Contravento Editorial em parceria com a editora Arte & Letra.

LAGARDE, Robert (1928 - 1997) Caracterizado por André Breton em 1965 como alguém dotado de uma "mão alada", segundo Édouard Jaguer Lagarde foi, juntamente com Adrien Dax, "quem sem dúvida trouxe mais inflexões novas ao desenho automático". De fato, tanto Breton quanto Jaguer têm razão: suas obras são de uma fluidez singular e de uma riqueza excepcional, sendo que podem ser vistas iluminando diversos escritos de seus amigos do movimento surrealista, como Guy Cabanel, Jehan Mayoux, Joyce Mansour e muitos outros. Em 2013, Alain Joubert publica *Robert Lagarde, do gesto à palavra* [*Robert Lagarde, du geste à la parole*] (Éditions des Deux Corps, 2013), um belíssimo volume sobre sua vigorosa trajetória. (NS)

LE BRUN, Annie (Rennes, 1942) Entrando para o grupo surrealista com seus amigos de Rennes, Hervé Delabarre e Jean-Pierre Guillon, participa das atividades coletivas até a autodissolução de 1969, posteriormente seguindo com o grupo reunido ao redor das edições Maintenant. Annie Le Brun é hoje uma das principais e mais corajosas ensaístas do ocidente. Sua insubmissão, bravura e sensibilidade poética podem ser encontradas em volumes como *Isso matará aqui-*

lo. Imagem, olhar e capital [*Ceci tuera cela. Image, regard et capital*] (Stock, 2021) e *O sentimento da catástrofe* (Iluminuras, 2016). (NS)

LEVALLOIS, Sabine (1958 - 2004) Desenhista, junta-se ao grupo de Paris do movimento surrealista em 1999. Seus desenhos ilustram *O patamar das gárgulas* [*Le palier des gargouilles*], poemas escritos a quatro mãos por Alice Massénat e Guy Girard (Éditions surréalistes, 2005), e a coletânea deste último, *O Travesseiro do soprador* [*L'Oreiller du souffleur*] (Éditions surréalistes, 2008). (GG)

LEQUENNE, Michel (Le Havre, 1921 - Paris, 2020) Pensador marxista e notável militante da resistência trotskysta, era considerado "o surrealista do comitê central" trotskysta francês. Aproxima-se e participa efetivamente das atividades surrealistas após o convite de Vincent Bounoure em 1978, permanecendo no grupo de Paris do movimento surrealista até a morte de seu amigo em 1996. Além da intensa atividade política, foi chefe do serviço de leitura da Encyclopaedia Universalis e um grande especialista em Cristóvão Colombo. (NS)

LÖWY, Michael (São Paulo, 1938) Um dos mais destacados pensadores de esquerda do ocidente, Michael Löwy entra para o movimento surrealista em 1975, a convite de Vincent Bounoure, e até hoje integra o grupo de Paris do movimento surrealista. Dentre suas obras, destacamos *Revolta e Melancolia* (Vozes, 1995; Boitempo, 2015) e *O Cometa Incandescente*, este último publicado em 2021 pela editora 100/cabeças e no qual, segundo seu editor Alex Januário, "Michael Löwy apresenta os princípios do Romantismo e do Surrealismo". (NS)

MANSOUR, Joyce (Bowden, 1928 — Paris, 1986). Segundo André Breton, Joyce Mansour (ao lado de Guy Cabanel, Hervé Delabarre e Jean-Pierre Duprey) era a mais importante poeta do movimento surgida após a Segunda Grande Guerra. Em 1953 publica *Gritos* (*Cris*) pela editora Seghers, livro que chama atenção dos surrealistas e que marca o início do seu contato com André Breton, de quem se tornará muito próxima. De acordo com Jean-Louis Bédouin, a poesia de Joyce Mansour possui "uma potência à imagem da antiga mãe-terra: é porque ela engole o grão que ela pode oferecer o beijo de uma flor ardente". Alain Jouffroy por sua vez afirma que seu despudor "marca um tipo de revolta essencialmente feminina, contra o despotismo sexual do homem, que com frequência faz do erotismo sua criação individual". No Brasil se publicou *Gritos Rasgos e Rapinas: 23 poemas de Joyce Mansour*, em tradução de Éclair Antônio de Almeida Filho, com prefácio de Cláudio Willer (Lumme Editor, 2011), a qual porém não recomendamos em consequência de uma série de problemas que apresenta. (NS)

MARKALE, Jean (Paris, 1928 - Auray, 2008). Um dos maiores especialistas do mundo em cultura celta, inicia sua busca influenciado por sua avó bretã. Conhece André Breton em 1949 e desde então passa a colaborar ativamente com o movimento surrealista, contribuindo principalmente para a aproximação entre o grupo de Paris e a arte celta. Participa da coletânea de textos *A civilização surrealista* [*La civilisation surréaliste*] (Payot, 1976). Sua obra *A mulher celta* [*La femme celte*] (Payot, 1972) foi traduzida em mais de 20 línguas. É autor de uma extensa bibliografia, da qual em português, até onde temos conhecimento, encontram-se disponíveis apenas os volumes *Merlim, o mago* (Paz e Terra, 1989), *A Grande Deusa* (Instituto Piaget, 2000) e *A Grande Epopeia dos Celtas* (Ésquilo, 2002). (NS)

MASSONI, Marie-Dominique (1947) Poeta, criadora de objetos e apaixonada por hermetismo, encontra Vincent Bounoure em 1978, que a convida a participar das atividades surrealistas. Graças ao seu dinamismo, entre 1991 e 2011 proporcionou maravilhas ao grupo de Paris do movimento surrealista. Após este período, deixa o grupo para consagrar-se aos seus trabalhos na maçonaria, visto que em 2001 fora recebida na Grande Loja Feminina da França. Diretora da revista S.U.RR... (que contou com 5 números entre 1996 e 2005), dentre suas publicações se destacam *Toda rede perdida* [*Tout filet perdu*] (Haldernablou, 1990), *Sempre com atraso* [*Toujours avec retardement*] (Editions surréalistes, 1995) e *Medronheiros* [*Arbouses*] (Éditions surréalistes, 2006). (GG)

MORDANT, Thomas (1954) Poeta de origem belga, participa das atividades do grupo de Paris do movimento surrealista entre 1990 e 1995. Sob o nome de Mordy Sabbath, realiza com sua companheira Ody Saban uma curiosa série de desenhos coletivos coloridos. (GG)

MORIN, Georges-Henri (Niort, 1950) Em 1969 encontra Bernard Caburet e Robert Guyon e passa a tomar parte nas atuações surrealistas. É graças à dupla lionesa que conhece Vincent Bounoure e passa então a participar do *Boletim de ligação surrealista* [*Bulletin de liaison surréaliste*]. É autor de uma notável obra poética e plástica, sendo que esta última figura com frequência em colaboração com vários amigos do movimento surrealista, como Alain Joubert e Jacques Lacomblez. De sua obra póetica, destacamos *Uma breve, uma longa!* [*Une Brève, une longue !*] (Le grand tamanoir, 2017), realizado em parceria com Jacques Lacomblez. (NS)

PASCAUD, Fabrice (1960) Tarólogo e astrólogo, discípulo de André Barbault, participa das atividades do grupo de Paris do movimento surrealista entre 1990 e 1993. (GG)

PAUL, Dominique (1956) Poeta e criadora de objetos, participou das atividades do grupo de Paris do movimento surrealista entre 1994 e 2012, antes de consagrar-se, como Marie-Dominique Massoni, às buscas sobre o simbolismo em uma loja maçônica. (GG)

PIERREPONT, Alexandre (1973). Antropólogo, pesquisa música afro-americana enquanto uma instituição social alternativa, dedicando-se principalmente ao jazz. É autor, dentre outros, de *O Campo jazzístico* [*Le Champ jazzistique*] (Éditions Parenthèses, 2002). (NS)

RENAUD, Roger (1947) Poeta e etnólogo, toma parte nas atividades surrealistas após seu encontro com Vincent Bounoure em 1968. Publica textos e poemas nas revistas *L'Archibras* [*O Arquibraço*], no *Bulletin de Liaison Surréaliste* [*Boletim de ligação surrealista*] e na revista *Surréalisme* [Surrealismo]. Encantado pelos povos ameríndios, em particular pelos Sioux, acaba se tornando um grande *savant* no assunto. Colaborou com textos para a obra *A civilização surrealista* [*La civilisation surréaliste*] (Payot, 1976), coletânea de ensaios organizada por Vincent Bounoure. Uma parte considerável de sua busca poética se encontra no livro *Humores de cinza rumores do sangue* [*Humeurs de cendre rumeurs du sang*] (1995). (NS)

SABAN, Ody (Istambul, 1953). Após viver em um kibbutz em Israel por oito anos, estabelece-se em Paris em 1977, onde organiza dois grupos de pintoras mulheres autodidatas e começa a expor sua obra plástica. De acordo com o professor e crítico Roger Cardinal "em sua obra, os infinitos abraços são a imagem de um êxtase que vai além do simples assombro carnal. Aqui há uma abertura em direção a algo outro, um impulso quase místico, inaugurando uma impensável harmonia". (NS)

SAUVAGEOT, Pierre-André (1951) Cineasta e foto-collagista, é membro do grupo de Paris do movimento surrealista desde 2005. Depois de ter realizado diversos filmes documentários sobre autores de romances policiais e de quadrinhos, dirige curtas-metragens oníricos: *Rua K* (2009), *Um certo Klapanek* [*Un Certain Klapanek*] (2016), *Jean Ray, o apresentador de sombras de Gand* [*Jean Ray, le montreur d'ombres de Gand*] (2019), *H.-P. Lovecraft, bicho magro da noite* [*Lovecraft, maigre bête de la nuit*] (2020). Ilustrou com suas foto-collages *O cinema dos surrealistas* [*Le Cinéma des surréalistes*] (Maurice Nadeau, 2018), de Alain Joubert, e diversas coletâneas de poemas de Guy Girard (e.g. *André Breton na China* [*André Breton en Chine*], 2013) e de Claude-Lucien Cauët (e.g. *Paris-Tebas* [*Paris-Thèbes*], 2015). (GG)

SCHMITT, Bertrand (1967) Atualmente radicado em Praga, na República Tcheca, é professor de francês e responsável pelo Ateliê de escrita francófona sobre a criação cinematográfica no Institut Français de Praga. É autor dos volumes *Tenho tabaco do bom* [*J'ai du bon tabac*] (em parceria com Jean-Christophe Belotti; Éditions Surréalistes, 1992) e *Trilhas da cólera* [*Les Sentiers de la colère*] (L'Esprit frappeur, 2000), dentre outros. Publicou inúmeros artigos em francês e tcheco, em revistas como Positif, Les Cahiers de l'Umbo, Analogon, S.U.RR…, Alcheringa e outras. (NS)

TANQUEREL, Sylvain (1977) Poeta, frequenta o grupo de Paris do movimento surrealista desde 2005. Com sua companheira Katrin Backes publica várias plaquetes combinando experiências poéticas e fotográficas (C.f. *Bleigiessen, a visão pelo chumbo* [*Bleigiessen, la vision par le plomb*], 2019). (GG)

TENTINDO, Virginia (Buenos Aires, 1931) Radicada em Paris desde os anos 1950, desenvolve uma escultura que mistura à formas oriundas das mitologias pré-colombianas um erotismo ora trágico, ora lúdico, mas sempre conduzido pelo signo ascendente. Depois de ter colaborado na revista *Supérieur inconnu* [*Superior desconhecido*], junta-se ao grupo de Paris do movimento surrealista em 2012. Recentemente Joël Gayraud ilustrou com poemas várias de suas esculturas no volume *As tentações da matéria* [*Le tentations de la matière*] (Pierre Mainard, 2021). (NS)

TERROSSIAN, Jean (1931, Paris, - 2021). Em 1982, o *Dicionário geral do surrealismo e seus arredores* [*Dictionnaire général du surréalisme et de ses environs*] (dir. René Passeron e Adam Biro, PUF, 1982) define Jean Terrossian como "uma espécie de Magritte atual", afirmando que, apesar disso, "sua obra atual [é] escandalosamente desconhecida". Nascido em uma família de ascendência armênia, começa a participar das atividades do grupo surrealista de Paris em 1961, sendo que suas realizações são no início influenciadas principalmente por Roberto Matta e Arshile Gorky. Dentre as exposições das quais participou, destacamos *O afastamento absoluto* [*L'Écart Absolue*], ocorrida em 1965 na galeria L'Oeil, sendo a última exposição do grupo surrealista que contou com a participação de André Breton em sua organização; a *XIII Exposição Internacional do Surrealismo*, organizada por Sergio Lima em São Paulo, no ano de 1967; e, mais recentemente, a retrospectiva *Pilhagem da memória* [*La mémoire mise à sac*], ocorrida em Mauberge, na França, em 2000. (NS)

THIVOLET, Marc (1931 - 2016) Profundamente marcado pelos poetas do grupo Grand Jeu, prepara e prefacia a edição das obras completas de Roger Gilbert-Lecomte (1974) e publica *A crise do Grand Jeu, entre presença e experiência* [*La crise du Grand Jeu, entre présence et expérience*] (Arma artis, 2005). Com sua esposa Danielle participa das atividades surrealistas entre 1990 e 1993. (GG)

VARIKAS, Eleni (1949, Atenas). Pesquisadora na Université Paris 8. Dedica-se aos estudos de gênero, trabalho e mobilidades. É uma das pioneiras no uso do termo *gênero* no ensino francês. Foi pesquisadora visitante (FAPESP) na UNICAMP em 2013. É coautora de *As mulheres de Platão a Derrida: antologia crítica* [*Les Femmes de Platon à Derrida : Anthologie Critique*] (1ª ed. Plon, 2001; 1ª reed. Dalloz, 2011) e *Eleni Varikas: por um pensamento feminista* *do política* [*Eleni Varikas : pour une pensée féministe du politique*] (iXe, 2017). (NS)

VASSAUX, Daniel (1972) Poeta, participou das atividades surrealistas entre 1991 e 1994, antes de consagrar-se aos estudos da civilização viking e das sagas islandesas. (GG)

ZIMBACCA, Anny Bonnin (1944) Desenhista, junta-se ao grupo de Paris do movimento surrealista em 1988 através de sua relação com Michel Zimbacca e, desde então, participa de todas as publicações e exposições coletivas do grupo. (GG)

ZIMBACCA, Michel (Paris, 1924 - Paris, 2021). Poeta, cineasta, pintor e criador de objetos. Encontra André Breton em 1949, que o convida a participar do grupo surrealista, do qual seguirá como membro ao longo de toda sua vida. Dentre suas realizações se destacam o documentário *A invenção do mundo* [*L'invention du monde*], co-dirigido com Jean-Louis Bédouin e contando com texto de Benjamin Péret, o qual exalta o pensamento mítico e a arte dos povos primitivos. Publicou dois livros de poemas, *O centauro inoxidável* [*Le Centaure inoxydable*] (Éditions Surrealistes, 1994) e *Sem cem virgens nem vírgulas* [*Sans cents vierges ni virgules*] (Sonambula/Loplop, 2017). Colaborou com a maioria das revistas surrealistas, desde Médium até Alcheringa. (GG)

Este livro é composto pelas fontes minion pro e neue haas grotesk display pro e foi impresso pela Graphium no papel pólen soft 80g, com uma tiragem de 800 exemplares